Für Lahcen

Originalausgabe
© 2024 Carlsen Verlag GmbH, Völckersstraße 14–20, 22765 Hamburg
Text: Lissa Lehmenkühler
Dieses Werk wurde vermittelt durch die Agentur Charlotte Larat – rights & audio – Strasbourg
Illustrationen: Lotte Bräuning
Lektorat: Sabine Hannich
Produktionsmanagement: Derya Yildirim
ISBN 978-3-551-52247-4
www.carlsen.de

Weihnachten mit
Santa Haas

Lissa Lehmenkühler

mit Bildern von
Lotte Bräuning

Inhalt

Das Ostereiland

Es ist Dezember. Das Jahr neigt sich dem Ende zu. In den Adventskalendern öffnen sich die Türchen, Kinder verschicken ihre Wunschzettel. Überall auf der Welt freuen sich die Menschen auf Weihnachten und hoffen auf Schnee. Doch irgendwo weit, weit weg von all dem vorweihnachtlichen Trubel liegt eine geheimnisvolle Insel, auf die noch nie auch nur eine einzige Schneeflocke geschneit ist. Nicht mal in der Eiszeit. Kein Mensch hat diesen Ort je gesehen, denn er ist nur für magische Wesen sichtbar. Seit Urzeiten wird sie von flauschigen Langohren bewohnt: Sie ist die Heimat der Osterhasen. Die Insel hat die Form eines riesigen, makellosen Eis. Darum nennen ihre Bewohner sie auch Eiland, oder: Ostereiland. Das ganze Jahr über sprießen saftige Gräser, kugelrunder Kohl und die knackigsten Karotten aus dem Boden. Löwenzahn und vierblättriger Glücksklee grünt an jeder Ecke. Osterhühner hüpfen in ihren ostereibunten Federkleidern auf der Insel herum und legen vergnügt ihre Eier ins Gras.

Überall blühen duftende Frühlingsblumen: Tulpen, Narzissen, Krokusse und prächtige Osterglocken, groß wie Südseepalmen. Auf dem Eiland herrscht nämlich jeden Tag schönstes Frühlingswetter,

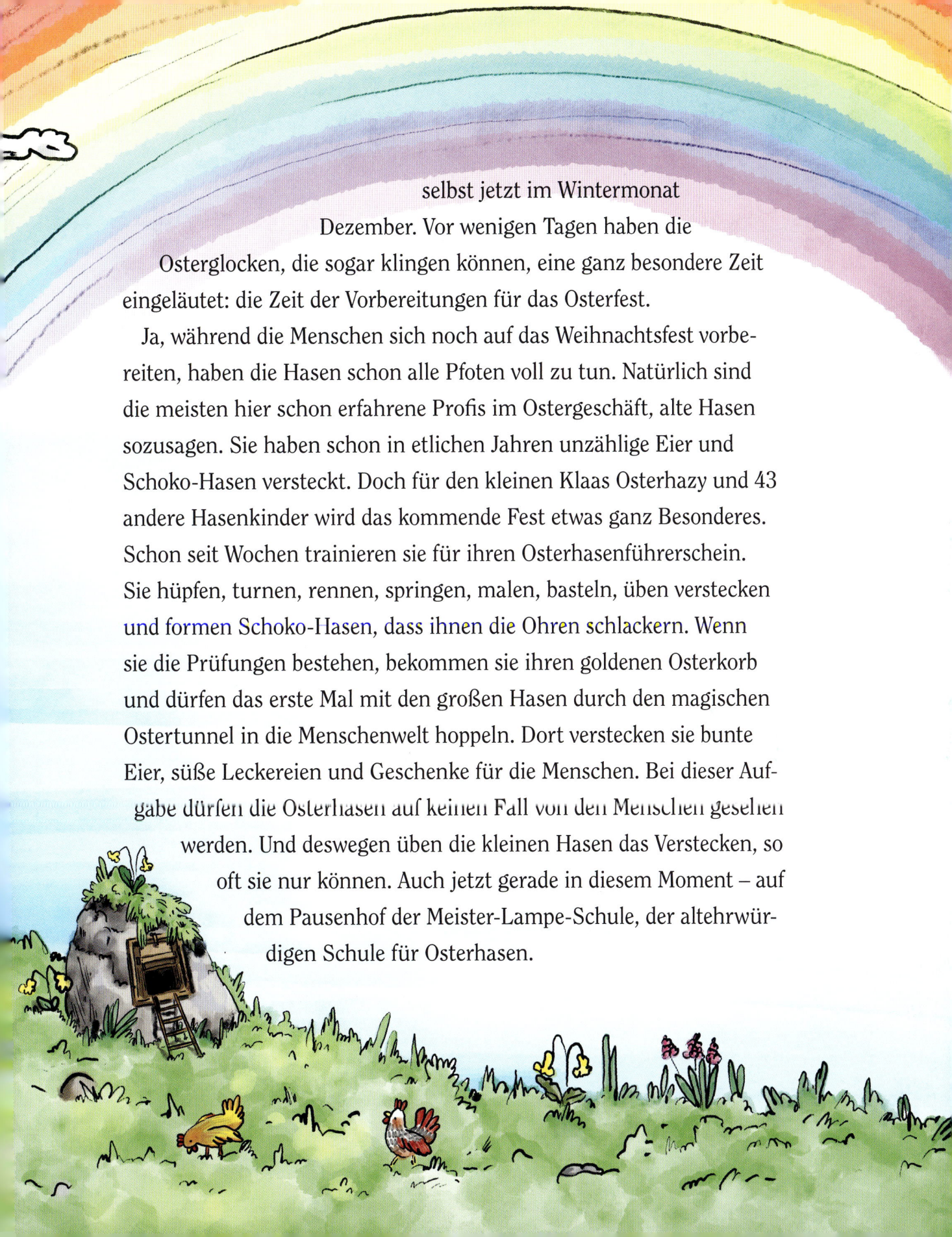

selbst jetzt im Wintermonat
Dezember. Vor wenigen Tagen haben die
Osterglocken, die sogar klingen können, eine ganz besondere Zeit
eingeläutet: die Zeit der Vorbereitungen für das Osterfest.

Ja, während die Menschen sich noch auf das Weihnachtsfest vorbereiten, haben die Hasen schon alle Pfoten voll zu tun. Natürlich sind die meisten hier schon erfahrene Profis im Ostergeschäft, alte Hasen sozusagen. Sie haben schon in etlichen Jahren unzählige Eier und Schoko-Hasen versteckt. Doch für den kleinen Klaas Osterhazy und 43 andere Hasenkinder wird das kommende Fest etwas ganz Besonderes. Schon seit Wochen trainieren sie für ihren Osterhasenführerschein. Sie hüpfen, turnen, rennen, springen, malen, basteln, üben verstecken und formen Schoko-Hasen, dass ihnen die Ohren schlackern. Wenn sie die Prüfungen bestehen, bekommen sie ihren goldenen Osterkorb und dürfen das erste Mal mit den großen Hasen durch den magischen Ostertunnel in die Menschenwelt hoppeln. Dort verstecken sie bunte Eier, süße Leckereien und Geschenke für die Menschen. Bei dieser Aufgabe dürfen die Osterhasen auf keinen Fall von den Menschen gesehen werden. Und deswegen üben die kleinen Hasen das Verstecken, so oft sie nur können. Auch jetzt gerade in diesem Moment – auf dem Pausenhof der Meister-Lampe-Schule, der altehrwürdigen Schule für Osterhasen.

Zwei

Eins, zwei, drei,
ins faule Ei

»Eins, zwei, drei, Osterei,

jeder schnell versteckt sei!

Will sehn kein' Löffel und kein Näschen,

sonst bist du kein Osterhäschen!«, ruft die kleine Hara in der

großen Pause über den Schulhof. Schon flitzen alle Hasenkinder

wie Fellblitze in ihre Verstecke. Hinter Bäume, Fliederbüsche,

Klettergerüste und in die Blumenbeete. Hara nimmt ihre Pfoten

von den Augen und macht sich auf die Suche. »Ich komme!«,

ruft sie. Doch es dauert keine zwei Sekunden, da sagt sie schon

gelangweilt: »Klaas, komm raus! Ich sehe dich!«

»Köttel!«, schimpft Klaas. Mit hängenden Ohren schlurft er

aus seinem Versteck hinter der Möhrenwippe. Er war sich so

sicher, dieses Mal nicht entdeckt zu werden! Er hatte sich

sogar extra braune Erdkrümel auf sein schneeweißes

Fell gestreut – für eine bessere Tarnung. Klaas ist

nämlich der einzige Hase auf ganz Oster-

eiland mit strahlend weißem Fell, was das Verstecken für ihn nicht gerade zu einem Kinderspiel macht. Einen weißen Hasen hat es noch nie auf Ostereiland gegeben – bis Klaas aus dem Ei geschlüpft ist.

Ja, richtig, Osterhasen schlüpfen aus Eiern. Und auch sonst unterscheiden sie sich in vielem von gewöhnlichen Hasen. Doch zurück zu Klaas, der gerade den braunen Sand aus seinem Fell schüttelt.

»Los, Klaas! Du kennst die Spielregeln!«, ruft Hara. »Hopp, hopp, ins faule Ei!«

»Manno! Nicht schon wieder!«, murrt Klaas und hopst widerwillig ins faule Ei, eine große eiförmige Erdmulde. Dorthin müssen beim Versteckspiel alle Hasen springen, die gefunden werden. Als Klaas gerade erst mit einer Schultüte in der Form einer Spitzrübe in die Osterhasenschule gekommen war, ist es immer sehr lustig im faulen Ei gewesen. Neben ihm wurden nämlich auch andere Hasenkinder beim Versteckspiel gefunden und ins faule Ei geschickt. Doch von Tag zu Tag wurden die anderen Hasen beim Verstecken immer besser – echte Profis. In letzter Zeit hockt Klaas deswegen oft als Einziger im faulen Ei, was nervig und sehr langweilig ist.

»Jede Pause das Gleiche!«

»Verstecken mit Klaas macht echt keinen Spaß«, hört Klaas Schnuppo Schlaueier und Karotta Kohlwitz aus ihren Verstecken tuscheln.

»Sein komisches weißes
Fell sieht man auf hundert
Hasensprünge Entfernung. Den fin-
det doch jedes Hasenbaby«, sagt Schnuppo.
»Klaas sieht nicht nur komisch aus, der tickt auch
total seltsam!«

Karotta kichert. »Hast du gesehen, wie Klaas die Ostereier bemalt? Mit weißen Flecken statt mit bunten Punkten.
Herr Hasendürer hat die Pfoten über dem Kopf zusammenge-
schlagen!«

»Das waren Schneeflocken, ihr Fellsocken«, flüstert
Klaas so leise, dass es die anderen nicht hören können.

»Und er malt auch so komische weiße Osterglocken«, prustet Schnuppo. »Osterglocken sind
dottergelb, das weiß doch jedes Küken!«

»Das waren Schneeglöckchen, ihr Schlaueier!«, sagt Klaas.

»Und statt Schoko-Hasen macht er braune
Schoko-Rehe! Das passt doch gar nicht zu
Ostern!«, sagt Karotta.

»Das waren Rentiere, du Blitzmerkerin«, wispert Klaas und kriegt vor Zorn ganz rote Ohren.

»Neulich hat Klaas drei weiße Eier übereinandergeklebt. Und dem obersten Ei einen Eierbecher als Hut aufgesetzt. Was sollte das denn bitte für ein Kunstwerk sein?«, sagt Schnuppo. »Ein Eiermann?«

Schnuppo und Karotta klopfen sich vor Lachen auf die Schenkel.

»Ein Schneemann, ihr Eierköpfe!«, flüstert Klaas.

»Aber das Lustigste«, gluckst Karotta. »Der malt dauernd so einen hässlichen Wicht mit dickem Bauch und langem weißen Bart.«

»Du meinst, einen von diesen Zwergen, die sich manche Menschen in die Gärten auf den Rasen stellen und hinter denen man super Ostereier verstecken kann?«

»Genau«, kichert Karotta. »So einen hässlichen Gartenzwerg!« Gartenzwerge haben die Hasenkinder nämlich gerade in Menschenkunde durchgenommen, als sie über gute Verstecke gesprochen haben.

»Das ist kein Gartenzwerg, das ist der Weihnachtsmann, ihr Runkelrüben!«

»Kaum zu glauben, dass Klaas der Bruder von Hasilo Osterhazy sein soll!«, sagt Schnuppo. »Der hat alle Rekorde gebrochen. Im Verstecken, im Eierbemalen, im Hakenschlagen, im Eierlauf, im Eierweitwurf, im Geländelauf, ja sogar im Eiertanz.«

»Hasilo ist sooo cool!«, schwärmt Karotta. »Der weiß, wie der Osterhase läuft. Und meine große Schwester sagt, er sieht auch noch rekordverdächtig gut aus!«

»Klaas hält aber auch einen Spitzenrekord«, prustet Schnuppo. »Als schlechtester Verstecker!«

»Und in komischen Ideen!«, giggelt Karotta.

»Wie sein Opa. Der setzt Klaas nur Flausen ins Ohr. Sagt mein Papa.«

»Mein Onkel Egbert meint, so ein weißes Fell, das ist nicht normal«, erzählt Schnuppo. »Das passt nicht zu uns Osterhasen. Er sagt, dass Klaas aus einem faulen Ei geschlüpft ist und kein echter Osterhase ist.«

Klaas spürt einen Stich im Herzen. Er blickt hoch zu den Wolken, die so schneeweiß sind wie sein Fell. Er wünschte, er könnte zu ihnen hinaufhoppeln und sich dort verstecken. Dann würde ihn niemand finden. Oder noch besser, er stellt sich vor, aus den Wolken würden die kalten weißen Wunderflocken fallen, von denen Opa Osterhazy ihm erzählt hat. Die weißen Flocken würden den Schulhof und ganz Ostereiland bedecken. Klaas könnte sich überall prima verstecken. Im weißen Schnee wäre er fantastisch getarnt. Dann würden Karotta, Schnuppo, Hara und die anderen Hasen ihn garantiert nicht finden und endlich sehen, was für ein meisterhafter Versteck-künstler er ist.

Ding, dang, dong – die Schulglocke läutet.

»Hopp, hopp, ihr Häschen!«, hört Klaas seine Lehrerin Frau Hasen-clever rufen. »Die Pause ist zu Ende!«

Doch Klaas hat jetzt keine Lust, Eier zu bepinseln. Er kauert sich in die Erdmulde. Die anderen Hasen springen aus ihren Verstecken und hoppeln von allen Seiten zurück ins Schulgebäude. Klaas ist jetzt ganz allein auf dem Hof. Und als die anderen Hasen schon in ihren Klassen-

zimmern auf den Schulbänken sitzen, scharrt Klaas ein Loch in die Erde.

»Wenn die anderen sagen, dass ich kein echter Osterhase bin, dann muss ich ja wohl auch nicht länger in die Osterhasenschule gehen!«

»Klaas! Nun komm endlich aus dem faulen Ei!«, hört Klaas Hara über den Hof rufen. »Frau Hasenclever hat gesagt, ich soll dich holen!« Doch da ist Klaas schon in dem Erdloch verschwunden und macht sich auf und davon.

Drei

Opa Osterhazy

Es ist stockdunkel. Aber Klaas hat wie alle Osterhasen wache Augen, prima Ohren, eine feine Schnuppernase, flinke Läufe und einen tollen Orientierungssinn. Die Tasthaare neben seinem Näschen und über den Augen reagieren empfindlich auf das Magnetfeld der Erde und leiten ihn in die gewünschte Richtung. Klaas buddelt sich 37 Hasensprünge nach Nordosten, 13 Karottenlängen nach Westen und – schwups – schon gelangt er in den Frida-Kanina-Tunnel. Das ist eine der unterirdischen Hauptstraßen, benannt nach einer berühmten Ostereibemalerin. Ganz Ostereiland ist durchzogen von einem ausgeklügelten Tunnelnetz. Manche Tunnel sind so breit, dass die Hasen in beiden Richtungen auf vier Spuren nebeneinanderhoppeln können. Andere sind schmal und verwinkelt und einige sind sogar geheim. Die verzweigten Tunnel führen in die Wohnhöhlen der Hasen, ins Rathaus, in Museen, ins Hasentheater, in die Hühneroper, in die Sporthallen und Geschäfte. Sie führen zur Eierfärberei, in die Ateliers der Eierbemalerinnen und Eierbemaler, in die Osterkorbflechterei und in die himmlisch duftende Schoko-Hasen-Manufaktur. Dort werden neben köstlichen Schoko-Hasen auch allerlei herrliche gefüllte Schoko-Eier hergestellt.

»Jetzt aber schnell!«, feuert Klaas sich selbst an. »Wenn Mama, Papa oder Hasilo mir über den Weg laufen, ziehen die mir bestimmt die Löffel lang!«

Klaas klappt sein linkes Ohr wie einen Blinker aus, legt den Turbo-Gang ein und hoppelt auf die Überholspur. Er läuft schnell wie ein weißer Blitz und hofft, dass ihn bei dem Tempo niemand erkennt.

Kurz überlegt er, ob er sich in seiner Geheimhöhle verstecken soll, in der er viele Schätze aufbewahrt. Dorthin zieht er sich gerne zurück, wenn es ihm im Schloss Osterhazy mit seinen 32 Geschwistern zu laut und trubelig wird. Aber dann hoppelt ihm eine noch bessere Idee durch den Kopf. Er möchte jetzt dorthin, wo er sich nie anders, sondern immer richtig gemütlich zu Hause fühlt. An seinen Schlüpfort, zu Opa Osterhazy. Eigentlich ist er Klaas' Urururururopa. Aber weil es viel zu lange dauern würde, ihn immer bei allen seinen »Urs« zu nennen, sagt Klaas einfach Opa.

Zum Glück sind die Türen bei den Osterhasen nie abgeschlossen. Darum huscht Klaas einfach so in Opa Osterhazys gemütliche Stube.

»Ja, Klääschen, mein Häschen, was machst du denn hier?«, fragt Opa Osterhazy. Er sitzt in seinem Hasenohrensessel. Dort hat er sich mit einem dicken Weltatlas, den er einst bei einem Ostergang in der Menschenwelt aus dem Altpapier gefischt hat, gemütlich gemacht. »Müsstest du denn nicht in der Schule sein?«

Klaas verschränkt die Pfoten über seinem Bauch und krümmt sich. »Ich … äh … ich …«, stammelt er und flunkert: »Frau Hasenclever hat mich nach Hause geschickt. Ich … äh, ich habe Bauchweh!«

»Ach, du armes Häschen«, sagt Opa Osterhazy. »Na, was für ein

Glück, dass ich gerade ein feines Fenchelsüppchen auf dem
Herd stehen habe. Das wird deine Bauchschmerzen ver-
jagen. Schneller als ein Hasenpups. Wie sage ich immer?«
Schon hält Opa Osterhazy den Suppenlöffel wie einen Takt-
stock in die Luft. »Opas Fenchelsüppchen mit Glücksklee …

»… auf der Welt gibt's nichts Besseres gegen Bauchweh!«,
vervollständigt Klaas Opa Osterhazys Satz.

Verlegen rührt Klaas in seinem Suppenteller herum.
»Opa?«, fragt er und sieht den alten Hasen mit großen
Augen an. »Woher weiß ich eigentlich, dass ich ein echter
Osterhase bin?«

»Na, woher weiß die Karotte, dass sie eine Karotte ist?
Woher weiß der Weihnachtsmann, dass er der Weihnachtsmann ist? Du bist, wer du bist, Klääschen, mein Häschen.
Und dass du ein waschechter Osterhase bist, das wusste ich
schon, bevor du aus dem Ei geschlüpft bist!«

»Wirklich?«, fragt Klaas. Opa Osterhazy nickt.

»Weißt du, einen echten Osterhasen erkennt man nicht
an seinem Verstecktalent, nicht an seinen Malkünsten und
auch nicht an seiner Blitzgeschwindigkeit. Einen echten
Osterhasen erkennt man daran, dass es ihn glücklich
stimmt, anderen Freude zu machen. Und du hast
mir nur Freude gemacht!«

»Die anderen in der Schule sagen aber, ich bin kein richtiger Osterhase.«

»So, so … die anderen. Da liegt also der Hase im Pfeffer«, bemerkt Opa Osterhazy und legt Klaas eine kandierte Karotte im Schokoladenmantel hin.

»Sie sagen, ich bin keiner, weil … weil ich, äh … « Klaas zupft an seinem weißen Fell. »Weil ich eben anders bin …«

»Jetzt hör mir mal gut zu, Klaasi-Hasi! Auf unserer Insel leben 444 Osterhasen und Osterhäsinnen und 555 Oster-hühner. Und alle sind anders … Ich bin anders, du bist anders, die anderen sind anders. Wenn man genau hinsieht, ist sogar jedes Ei, jede Osterglocke und jede Schneeflocke anders. Einmalig anders!« Opa Osterhazy klatscht in die Pfoten. »Und das ist doch das Wunderbare! Nur geht das in manche hohlköpfigen Kohlköpfe nicht rein!«

Klaas kichert. »Weißt du, Klaas, was die anderen sagen, das interessiert doch wirklich nicht die Bohne. Wenn du immer darauf horst, was die anderen sagen, dann horst du gar nicht mehr, was dein eigenes Herz und dein eigener Bauch dir zuflüstern. Verstehst du, was ich meine?«

»Aber die anderen haben mich ausgelacht, weil ich in der Schule keine Osterhasen, sondern einen

Weihnachtsmann gemalt habe«, erzählt Klaas. »Sogar für einen Gartenzwerg haben sie ihn gehalten.«

»Sag ich doch, Kohlköpfe-Hohlköpfe!«, erwidert Opa Osterhazy. »Die schauen keine Karottenlänge über den Osternest-Rand! Und dabei vergessen sie, dass man Ostereier, die Welt und beinahe alles im Leben von verschiedenen Seiten betrachten kann.«

Opa Osterhazy blättert im Atlas und winkt Klaas zu sich.

»Wenn ich eins von meinen vielen Reisen in die Menschenwelt gelernt habe, dann, dass es noch unendlich viel zu entdecken gibt, mein Kleiner«, sagt Opa Osterhazy und gerät ins Träumen. »Ach, wenn ich noch mal jung wäre und meine Beine mitmachen würden, dann würde ich sofort meinen Osterkorb schultern und mich durch die ganze Welt buddeln!«

Klaas zeigt mit seiner schneeweißen Pfote auf eine schneeweiße Fläche auf der Landkarte.

»Bis zum Nordpol?«, fragt er und sieht seinen Opa mit großen Augen an. »Wohnt da der Weihnachtsmann?«

»Manche Menschen glauben, er lebt am Nordpol oder irgendwo anders im Norden.« Opa Osterhazy reist mit der Pfote auf der Landkarte. »Andere sagen, er lebt auf Grönland, in Uummannaq, oder auf Island. Und wieder andere sagen, er lebt in Schweden. Oder in Lappland, in Korvantunturi.«

»Das ist hier!«, juchzt Klaas, der den Ort auf der Karte gefunden hat, und liest vor: »Korvantunturi«

»Das ist Finnisch«, erklärt Opa Osterhazy, »und heißt übersetzt Ohrenberg.«

»Ohrenberg«, kichert Klaas und streckt beide Öhrchen wie weiße Berggipfel in die Höhe.

»Und was glaubst du, Opa?«

»Ich glaube, dass wir den Ort, wo der Weihnachtsmann lebt, auf keiner Karte, die von Menschenhand gemacht ist, finden werden.«

»Ostereiland ist ja auch auf keiner Landkarte zu finden, stimmt's?«

»Stimmt«, antwortet Opa Osterhazy. »Weißt du, ich bin leider nie dort gewesen, und – wie sagen die Menschen doch so lustig? – mein Name ist Hase, ich weiß von nichts. Aber wenn du mich fragst, was ich glaube, sage ich: Ich glaube, der Weihnachtsmann lebt an einem magischen Ort, an dem das ganze Jahr über Schnee liegt.«

»Ist es dort sehr kalt?«

»Bestimmt«, antwortet Opa Osterhazy. »Aber warm zugleich. Verstehst du? Der Weihnachtsmann ist ein guter Geist. Und wo gute Geister sind, da wird einem immer warm ums Herz.«

»Wie bei dir«, sagt Klaas.

»Ach, Schnuffelchen-Knuffelchen, das hast du jetzt aber lieb gesagt«, sagt Opa Osterhazy und drückt Klaas an sein warmes graues Fell.

Kling, Glöckchen, klingelingeling

Klaas und Opa Osterhazy sind mit ihren Pfoten auf der Landkarte schon zweimal um die ganze Welt gereist.

»Opa?«, fragt Klaas. »Erzählst du noch mal vom Schnee? Bitte!«

»Ich habe ihn nur ein einziges Mal in meinem Leben gesehen! Da war Ostern im April. Und der April macht ja bekanntlich, was er will. Ich war noch blutjung und hatte noch kein einziges graues Haar«, erinnert sich Opa Osterhazy und erzählt weiter. »Aber manchmal ist mir heute noch, als wenn es gestern gewesen wäre. Ich habe gerade ein paar Ostereier hinter einem Fliederbusch versteckt. Da lag plötzlich ein Zauber in der Luft. Und als ich meine Nase in den Himmel reckte, ist mir eine echte Schneeflocke auf die Nase gefallen.«

»Wow!«, raunt Klaas. »Und wie war die?«

»Kalt, kitzelig, glitzerig, flockig, weiß wie dein Fell und einmalig wunderschön«, antwortet Opa Osterhazy.

»Oooh«, sagt Klaas. »Ich möchte auch mal echten Schnee sehen!«

»Na, dann wollen wir es jetzt tüchtig schneien lassen, oder?«, schlägt Opa Osterhazy vor.

»Au ja!«, jubelt Klaas. Schon springt er vom Sessel und holt eine

Schneekugel, die Opa Osterhazy vor vielen, vielen Jahren in der Menschenwelt gefunden hat.

Opa Osterhazy und Klaas legen ihre Vorderpfoten gemeinsam auf die Schneekugel wie um eine Zauberkugel.

»Schüttel, schüttel, schüttel den Schnee!«, sprechen sie im Chor und schütteln die Kugel drei Mal, dass der Schneekugelschnee stiebt. Gebannt schaut Klaas in das Innere der Kugel. Auf den fliegenden Weihnachtsschlitten mit den Goldkufen, in dem ein lachender Weihnachtsmann sitzt, mit einem Mantel, so warm und weihnachtsrot wie Klaas' Äuglein, und einem Bart, so schneeweiß wie das Fell von Klaas.

»Na, Klääschen, sollen wir es noch mehr schneien lassen?«

»Ja, ja, ja!«, ruft Klaas und gluckst vor Lachen, als Opa Osterhazy sich ein Sesselkissen schnappt und es aufknöpft und schüttelt, bis die Federn wie Schneegestöber durch die gemütliche Stube fliegen.

»Hui!«, ruft Klaas und tanzt im Federschnee.

»Und jetzt, mein Kleiner! Bitte! Musik!«

Schon dreht Klaas im Sockel der Schneekugel dreimal am goldenen Aufziehschlüssel der Spieluhr, neben dem hübsche Schneeglöckchen eingraviert sind. Er dreht extra langsam, damit Opa Osterhazy genug Zeit hat. Der versteckt sich nämlich hinter dem Hasenohrensessel und macht sich bereit für seinen großen Auftritt. Schnell knotet er seine grauen Schlappohren wie einen Bart unter seinem Kinn zusammen. Dann setzt er sich eine Rote-Bete-Rübe mit dem Zipfel nach oben wie eine Weihnachtsmütze auf den

Kopf. Das ausgeschüttelte Sesselkissen schultert er wie einen Geschenkesack. Ein gefülltes Kissen steckt er sich als dicken Bauch unter den Pullover und so mimt er den Weihnachtsmann. Schon erklingt die Melodie aus der Spieluhr und Opa Osterhazy singt mit lustig verstellter Stimme den passenden Liedtext. Den hat er vor vielen Jahren in der Menschenwelt in einem Liederbuch entdeckt.

> *»Kling, Glöckchen, klingelingeling, kling, Glöckchen, kling!*
> *Lasst mich ein, ihr Kinder, ist so kalt der Winter,*
> *öffnet mir die Türen, lasst mich nicht erfrieren!«*

Da klopft es plötzlich – *tok-tok-tok* – an der Tür. Es ist leider nicht der Weihnachtsmann, sondern Hasilo. Das erkennt Klaas sofort an dem kraftvollen Klopfen. »Köttel!«, schimpft Klaas und sein Herz klopft ihm bis zum Hals. »Opa, bitte, bitte nicht verraten, dass ich hier bin. Das ist unser Geheimnis, ja?«, flüstert Klaas und sieht seinen Opa mit beschämten Augen an. »Ich … Ich habe dich angelogen. Ich hatte gar keine Bauchschmerzen. Ich habe die Schule geschwänzt.«

»Dachte ich's mir doch«, sagt Opa Osterhazy freundlich und streichelt Klaas über den Kopf. »Ich war schließlich auch mal ein junger Hase. Keine Angst, ich sage nichts. Osterhasenehrenwort! Und jetzt hopp, hopp, ins Körbchen!«

Klaas schnappt sich die Schneekugel und hüpft schnell in die Zimmerecke in Opa Osterhazys Osterkorb. Und Opa Osterhazy lehnt sich in den Sessel und macht die Augen zu. »Chrrr-ratze-rübe«, schnarcht er und stellt sich schlafend.

Fünf

Der magische Osterkorb

In Opa Osterhazys goldenem Osterkorb hat Klaas schon als kleines Häschen gerne gesessen und gestaunt. Es ist nämlich so: Von außen sieht der Korb, den die Osterhasen auf den Schultern tragen, aus wie ein gewöhnlicher Rucksack-Korb aus goldgelbem Stroh, der bequem auf einen Hasenrücken passt. In einem normalen Korb dieser Größe haben gut und gerne 50 Ostereier, zehn Schoko-Hasen und ein paar Geschenke Platz. Aber die goldenen Osterkörbe der Osterhasen sind keine gewöhnlichen Körbe. Sie sind magisch, gewoben aus goldenem Zauberstroh, das es nur auf Oster-eiland gibt. Innen sind sie so groß, dass sogar ein ganzes Menschenhaus mit Garage und Garten bequem in einen Osterkorb passen würde. Und wenn es sein muss, hat sogar noch mehr Platz. Der Innenraum des Osterkorbs ist nämlich dehnbar.

Er kann seine Größe magisch verändern, je nachdem, wie groß die Ostereierladung ist oder wie viel Raum gewünscht oder benötigt wird. Dazu kommt noch eine magische Eigenschaft: Auch wenn er eine tonnenschwere Ladung in sich birgt, wiegt der Osterkorb für die Trägerin oder den Träger kein Gramm mehr, als sie oder er ganz bequem auf dem Rücken tragen kann.

Seit Opa Osterhazy nicht mehr gut zu Pfote und in Rente ist, war sein magischer Korb nicht mehr in der Menschenwelt. Doch er birgt nicht nur Opa Osterhazys Socken, seine Wäsche und einen Vorrat an Leckereien, sondern auch all seine Schätze aus der Menschenwelt, Klaas' Basteleien, und noch viel mehr befindet sich dort in unzähligen Zimmern. Und sogar Klaas hat in Opa Osterhazys Korb sein eigenes großes Spielzimmer.

Von draußen hört Klaas Opa Osterhazys lustige Schnarchgeräusche und kichert. Vorsichtig hebt er den Korbdeckel ein klitzekleines Stückchen und späht aus seinem Versteck.

»Hallo, Großvater, ich bin's, Hasilo«, hört Klaas seinen Bruder sagen. Mit seinen schicken Turnschuhen hoppelt Hasilo in die Stube. Als er die verstreuten Kissenfedern und die seltsame Unordnung sieht, rümpft er die Nase. »Meine Güte, hier sieht's ja schlimmer aus als nach einer Karnevalsparty im Hühnerstall!« Hasilo hoppelt auf

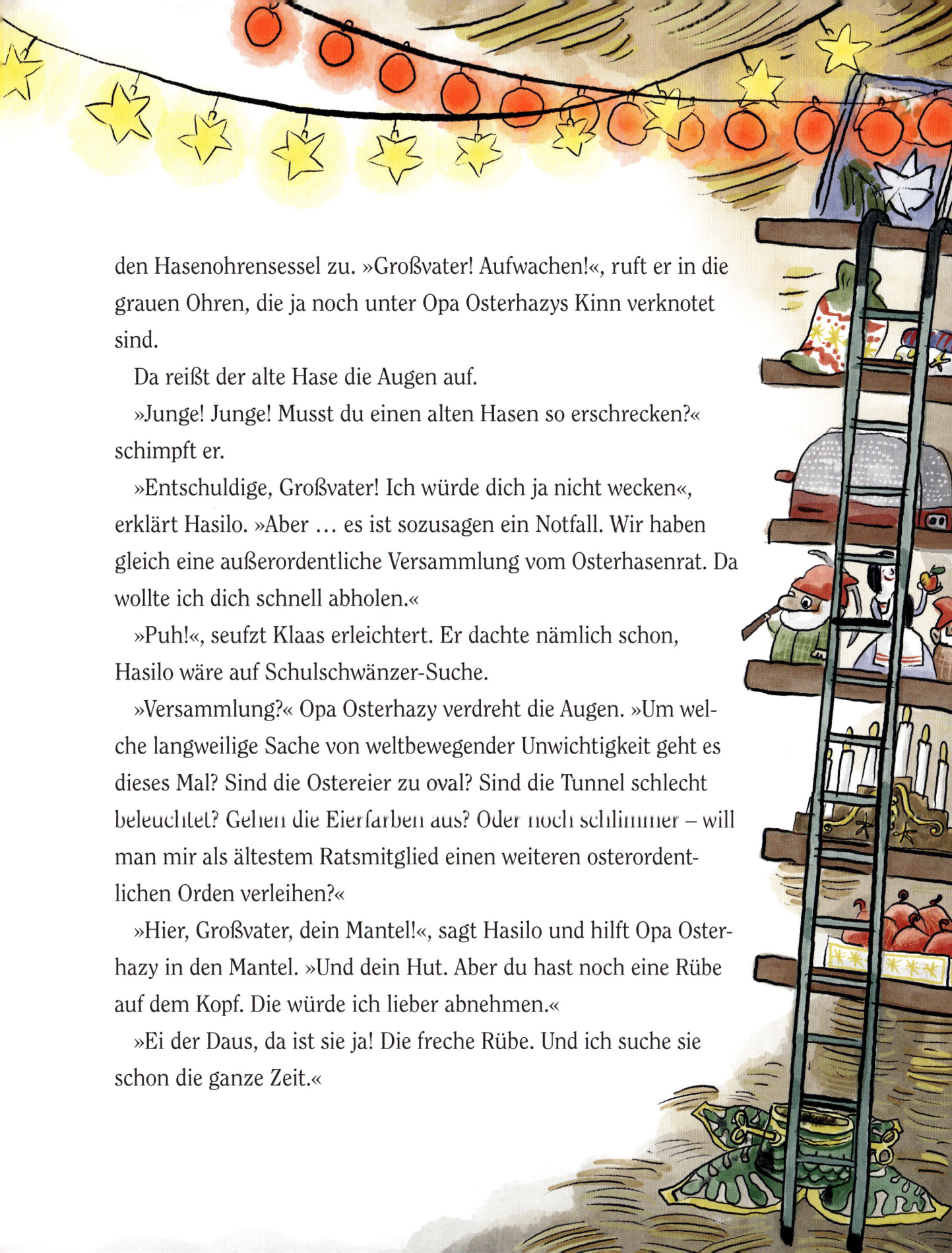

den Hasenohrensessel zu. »Großvater! Aufwachen!«, ruft er in die grauen Ohren, die ja noch unter Opa Osterhazys Kinn verknotet sind.

Da reißt der alte Hase die Augen auf.

»Junge! Junge! Musst du einen alten Hasen so erschrecken?« schimpft er.

»Entschuldige, Großvater! Ich würde dich ja nicht wecken«, erklärt Hasilo. »Aber … es ist sozusagen ein Notfall. Wir haben gleich eine außerordentliche Versammlung vom Osterhasenrat. Da wollte ich dich schnell abholen.«

»Puh!«, seufzt Klaas erleichtert. Er dachte nämlich schon, Hasilo wäre auf Schulschwänzer-Suche.

»Versammlung?« Opa Osterhazy verdreht die Augen. »Um welche langweilige Sache von weltbewegender Unwichtigkeit geht es dieses Mal? Sind die Ostereier zu oval? Sind die Tunnel schlecht beleuchtet? Gehen die Eierfarben aus? Oder noch schlimmer – will man mir als ältestem Ratsmitglied einen weiteren osterordentlichen Orden verleihen?«

»Hier, Großvater, dein Mantel!«, sagt Hasilo und hilft Opa Osterhazy in den Mantel. »Und dein Hut. Aber du hast noch eine Rübe auf dem Kopf. Die würde ich lieber abnehmen.«

»Ei der Daus, da ist sie ja! Die freche Rübe. Und ich suche sie schon die ganze Zeit.«

Klaas hält sich die Pfoten vor den Mund. Opa Osterhazy ist einfach zu lustig.

»Jetzt weißt du auch, warum ich mir einen Knoten in die Ohren gemacht habe. Der sollte mich an die Rübe erinnern. Hahaha! Hast du meinen Gehstock?«

»Ja«, drängt Hasilo. »Es wird Zeit! Wir müssen los!«

»Momentchen!«, sagt Opa Osterhazy. »Meine Karotten-Krawatte!« Er beugt sich in den Korb. Schnell drückt Klaas ihm die Krawatte in die Pfote. Und Opa Osterhazy streicht Klaas über den Kopf und zwinkert ihm schelmisch zu.

»Komm, Großvater«, sagt Hasilo. »Deinen Rollstuhl brauchst du heute nicht. Ich nehme dich huckepack. Dann geht es schneller!«

»Ich habe noch Lecker-schmecker-Suppe auf dem Herd!!!«, ruft Opa Osterhazy überlaut Richtung Osterkorb. »Und es ist noch Möhrenkuchen im Kühlschrank!!!«

»Himmel, warum schreist du denn so?«, fragt Hasilo.

»Na, damit ich es nicht vergesse und mich später besser daran erinnern kann«, flunkert Opa Osterhazy. »Das mit dem Knoten in den Löffeln hat ja nicht so gut funktioniert!«

Hasilo ist offenbar nicht nach Späßen zumute.

»Jetzt mach doch nicht so ein ernstes Gesicht, Hasilo. Du machst deinem alten Großvater ja Angst. Ist es etwas Schlimmes?«

»Ich fürchte, es ist etwas, das dir nicht gefallen wird, Großvater …«, sagt Hasilo. »Halt dich gut fest! Auf die Läufe, fertig, los!« Aus seinem Versteck sieht Klaas Hasilo mit seinem Opa auf dem Rücken davonspringen.

Ein Ei mit Ohren

Kaum sind Hasilo und Opa Osterhazy verschwunden, da hopst Klaas aus dem Korb. Er nimmt sich ein Stück Möhrenkuchen aus dem Kühlschrank und macht es sich damit auf dem Hasenohrensessel gemütlich. Mmh, lecker! Zum Nachtisch mümmelt Klaas noch ein bisschen Rote Bete. »Tut mir leid, Weihnachtsmütze, ich muss dir leider den Zipfel abbeißen«, sagt er und schmunzelt. Opa Osterhazy war vorhin echt zu komisch. Aber warum war Hasilo nur so furchtbar ernst? Und was wird Opa Osterhazy nicht gefallen? Klaas' Tasthaare kribbeln. Er beschließt, den anderen heimlich hinterherzuhoppeln. Am besten nimmt er Opa Osterhazys Osterkorb gleich mit. Dann kann Klaas seinen Opa darin nach der Versammlung nämlich ganz bequem huckepack zurück nach Hause tragen. Mit seiner schlimmen Pfote ist der alte Hase ja nicht mehr so gut zu Fuß. Und in dem geräumigen Osterkorb ist es bestimmt tausendmal bequemer als auf Hasilos Rücken.

»Auf den Rücken, fertig, los!«, sagt Klaas und schultert den alten Osterkorb. Er passt nicht richtig und ist ihm vielleicht ein, zwei Nummern zu groß. Doch Klaas läuft es sofort angenehm warm und kribbelig den Rücken hinunter. Er kann es kaum abwarten, endlich seinen

eigenen maßgeflochtenen Osterkorb zu tragen. Klaas nimmt sich vor, ab jetzt ein braver Schüler zu sein und sich richtig ins Zeug zu legen. Und wenn er dafür tausend Eier mit süßen Osterküken, Tulpen und bunten Tupfern bemalen muss.

Klaas hoppelt hinaus durch den Hinterausgang, der Opa Osterhazys Wohnung mit Schloss Osterhazy verbindet. Im Sausewind hüpft er an den Gemälden seiner Vorfahren vorbei. Sie zeigen dicke Osterhasen, dünne Osterhasen, langohrige, schlappohrige und einohrige Osterhasen, struppige, kuschelige und wohlfrisierte Hasen und das berühmte Gemälde von dem Hasenmädchen mit dem Osterei-Ohrring. Doch ein weißer Hase ist nirgends zu entdecken. Im Vorbeilaufen schielt Klaas zu den Gemälden. Er hat das Gefühl, dass einige seiner gemalten Vorfahren ihn mit mahnenden Augen ansehen. »Schon gut, Leute, ich schwänze auch nie wieder! Heiliges Osterhasenehrenwort!«, beteuert Klaas und überkreuzt seine Öhrchen, weil er sich nicht so sicher ist, dass er sein Versprechen halten kann.

Auf dem jüngsten Bild ist Klaas' ganze Familie zu sehen. Sein Opa, seine Mama, sein Papa und seine 32 Geschwister. Seine Eltern halten Kanina, Rabita, Butterblü und Eino im Arm. Die vier haben in braunen Haseneiern mit Klaas im selben Osternest gelegen. Auf dem Bild sind sie als winzige frisch geschlüpfte braune Fellknäuel zu sehen.

Nur Klaas fehlt auf dem Bild. Obwohl er dort streng genommen

schon zu finden ist – als Ei. Genauer gesagt als schneeweißes Ei mit Ohren. Aus Jux hält Opa Osterhazy dem Ei, das er wie ein Baby im Arm wiegt, mit zwei grauen Pfotenfingern nämlich Hasenohren hin. Klaas hoppelt weiter, vorbei an Hasilos unzähligen Trophäen. Die sollen bald aus Platzgründen in einer eigenen Halle ausgestellt werden, die Hasilo-Halle genannt werden soll. Klaas biegt scharf nach links und schiebt ein Gemälde zur Seite, das Opa Osterhazy in jungen Jahren zeigt, als er noch wie die anderen Hasen braunes Fell hatte. Er flitzt in einen Geheimtunnel, der direkt zum Rathaus führt. Dort saust er durch die Halle mit Bildern von berühmten Osterhäsinnen und -hasen, die sich sehr verdient gemacht haben. Klaas schlittert über den spiegelglatten Boden Richtung Oval-Saal. Die große eiförmige Saaltür steht einen Spalt offen. Auf leisen Pfoten huscht Klaas über den weißen Marmorboden. Blitzschnell versteckt er sich unter dem riesigen eiförmigen Tisch, um den der Osterhasenrat versammelt ist. Klaas juckt es in den Pfoten. Zu gerne würde er seinen Opa jetzt aus Jux an den Füßen kitzeln. Aber dann hört Klaas Bürgermeister Brokkoli. Und seine Stimme klingt sehr ernst:

»Kommen wir nun zum nächsten und wichtigsten Tagesordnungspunkt. Dem eigentlichen Grund für unsere außerordentliche Versammlung. Klaas Osterhazy!«

Der Osterhasenführerschein

Ach, du dickes Ei! Klaas schluckt, als er seinen Namen hört. Seit wann wird denn wegen ein paar Stunden Schuleschwänzens sofort eine Versammlung einberufen? Da ertönt die Stimme der Osterleckereien-Lehrerin Frau Schokolinski.

»Klaas ist wirklich ein talentierter Chocolatier!«, erklärt Klaas' Lehrerin. »Seine Schokolade ist zartschmelzend und hat dennoch den nötigen Biss. Probiert selbst!«

Frau Schokolinski lässt eine Pralinenschachtel rumgehen.

»Köstlich!«, rufen schon die ersten Hasen und lassen sich die Schokolade genüsslich mümmelnd auf der Zunge zergehen.

»Würde mir jemand bitte noch mal die Schachtel reichen?«, sagt Bürgermeister Brokkoli, den Mund voll Schokolade. »Ich habe noch nicht alle Sorten gekostet.«

Unterm Tisch beobachtet Klaas, wie der Bürgermeister sich drei Schoko-Eier auf einmal in den Mund

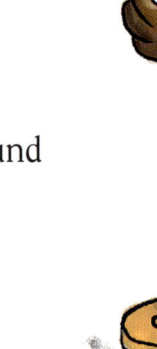

stopft und dann auch noch zwei Pfoten voll heimlich in seiner Westen-
tasche verschwinden lässt.

»Ich glaube, die Begabung hat er wohl von mir!«, hört Klaas seinen
Vater, den Meister-Konditor, stolz sagen.

»Einen Schüler mit solchen Fähigkeiten habe ich noch nie unterrich-
tet«, sagt Frau Schokolinski. »Keine Frage, Klaas' Schokoladeneier sind
wirklich köstlich. Und er denkt sich ganz besondere Füllungen aus.
Aber manche Eier haben eher die Form von Weihnachtskugeln.«

»Meine Güte«, empört sich Opa Osterhazy. »Man wird doch noch
herumprobieren dürfen. Das ist nur ein kleiner Formfehler, also bitte!«

»Leider ist es aber nicht nur das. Seine Schoko-Hasen, die sehen
sehr merkwürdig aus …«, sagt Frau Schokolinski und lässt
ein Tablett mit Klaas' Werken herumgehen.

»Die haben viel zu kurze Ohren und viel zu lange Beine
und solche Dinger am Kopf«, sagt Bürgermeister Brokkoli
und setzt seine Brille auf. »Die sehen eher aus wie Schoko-Zie-
gen. Nein, ich hab's! Schoko-Hirsche!« Opa Osterhazy verdreht
die Augen. »Das sind Rentiere!« Die anderen Hasen kichern.

»Meine Hasenschaften, bitte! Ruhe im Saal!«,
ruft Bürgermeister Brokkoli. »Jetzt wird Klaas'
Kunstlehrer Halbrecht Hasendürer zu uns sprechen.«

Ein Hase mit goldbraun gelocktem Fell und bunt betupf-
tem Schal erhebt sich.

»Klaas' Malkünste sind wirklich beachtlich. So einen
feinen Pinselstrich habe ich noch bei keinem Schüler
gesehen«, sagt Halbrecht Hasendürer.

»Das hat er bestimmt von mir«, sagt Esther Osterhazy erleichtert und knufft ihren Mann in die Seite.

»Ich würde ihm eine glatte Eins mit Sternchen geben. Aber Klaas' Motivwahl«, fährt Halbrecht Hasendürer fort, »die ist doch sehr merkwürdig. Und, nun ja, so gar nicht österlich.«

Klaas' Lehrer reicht eine Eierschachtel mit von Klaas bemalten Ostereiern herum. »Statt gelber Osterglocken malt Klaas weiße Schneeglöckchen. Statt bunter Frühlingswiesen malt er weiße Schneelandschaften. Statt geschmückter Ostersträuche malt er geschmückte Tannenbäume. Und statt putziger Küken und Osterhasen malt er wieder und wieder einen grässlichen, kitschigen, dicken Gartenzwerg mit alberner roter Zipfelmütze!«

Da stampft Opa Osterhazy mit seinem Gehstock auf den Boden.

»Heiliger Osterhase! Jetzt reicht's mir aber! Habt ihr Ostereier auf den Augen? Das ist kein Gartenzwerg! Das ist ganz offensichtlich der Weihnachtsmann!«

Da entfacht sich prustendes Gelächter im Saal. Manche Hasen klopfen sich sogar auf die Schenkel.

»So was Albernes! Den Weihnachtsmann gibt es doch gar nicht. Den haben doch die Menschen erfunden! Das weiß doch jedes Küken!«, sagt Hopsbert Schlaueier, der Onkel von Klaas' Mitschüler Schnuppo.

»Aha! Was ihr so alles wisst! Ihr glaubt auch, ihr habt die Weisheit mit euren haarigen Löffeln gefressen, was? Ihr naseweisen Hasen«, schimpft Opa Osterhazy.

Schon steckt Hopsbert Schlaueier den Kopf mit seinem Nachbarn Egbert Kohlwitz, dem Vater von Karotta, zusammen.

»Ich sag's ja, der Alte setzt dem Kleinen nur Flausen in die Löffel. Kein Wunder, dass Klaas völlig aus der Art schlägt.«

Klaas ballt die Pfoten! Wie diese dahergehopsten Hasen über seinen geliebten Großvater sprechen, das lässt er sich nicht gefallen. Unter dem Tisch hoppelt er auf die beiden Lästermäuler zu. Heimlich knotet er ihre Schuhbänder mit einem Doppelknoten aneinander. »Ha! Na wartet!«, flüstert Klaas. »Bald fallt ihr auf eure hochmütigen Nasen, ihr gemeinen Hasen!«

Da hört Klaas Frau Hasenclever, seine Klassenlehrerin, sprechen.

»Leider wäre da auch noch Klaas' Verhalten. Klaas hat offenbar Schwierigkeiten, sich an die Schulregeln zu halten. Heute hat er sogar nach der ersten großen Pause die Schule geschwänzt.«

»Bitte? Davon weiß ich ja gar nichts!«, sagt Esther Osterhazy, und Klaas ahnt schon, dass seine Mutter sich gerade die schlimmsten Vorwürfe macht. Seit sie an einer größeren technischen Erfindung tüftelt, ist sie mit den Gedanken ganz woanders. Nebenbei berechnet sie noch den diesjährigen Ostereierbedarf und die Korbfüllmengen. Da hat sie mit ihrem Job und ihren 33 Hasenkindern alle Pfoten voll zu tun.

»Ich hätte mich mehr um den Kleinen kümmern sollen. Er ist doch mein Sorgenhäschen. Ich werde hier jedenfalls keine Sekunde länger herumsitzen. Ich werde meinen Kleinen suchen!«, sagt sie entschlossen. Da streicht Opa Osterhazy ihr beruhigend über die Pfote.

»Keine Sorge, Esther. Klaas ist bei mir zu

Hause in der guten Stube. Er sitzt gerade vergnügt im Osterkorb und spielt.«

Klaas' Mutter wirft Opa Osterhazy einen strengen Blick zu.

»Na, das hätte ich mir ja denken können! Ihr beiden habt schon immer zusammengehalten wie das Weiße und das Gelbe vom Ei.«

Opa Osterhazy klopft mit seinem Stock auf den Tisch und schaut verärgert in die Runde. »Und?«, murrt er. »Raus mit der Sprache! Warum sitzen wir hier? Wollt ihr Klaas wegen dieser Kleinigkeiten und ein bisschen Schulschwänzen etwa den Osterhasenführerschein vorenthalten?«

Der Saal schweigt.

Klaas bibbert und drückt sich selbst die Pfoten, so fest er nur kann. »Bitte, bitte nicht«, flüstert er.

»Aber hier geht es doch um etwas ganz anderes«, sagt Hasilo und hopst mit einem Satz auf ein

kreisrundes Goldmosaik inmitten des Tisches. Klaas hat schon in der Schule gelernt, dass die Hasen das Mosaik »Das Goldene vom Ei« nennen und nur dorthin springen, wenn sie etwas von osterordentlicher Wichtigkeit vorzubringen haben.

»Selbst wenn Klaas die Prüfung besteht und den Osterhasenführerschein erhält, was dieses Jahr bestimmt nicht passieren wird, wäre er eine Bedrohung. Eine Gefahr für uns alle!«

»Pah! Das ist ja lächerlich«, empört sich Opa Osterhazy. »Eine Bedrohung? Der kleine Klaas? Was hat euch der arme Junge denn getan?«

»Nichts, Großvater. Aber Klaas ist nun mal anders.«

»Ich sag's ja«, sagt Hopsbert Schlaueier. »Er schlägt völlig aus der Art!«

»Na und!«, entgegnet Opa Osterhazy rot vor Wut. »Das hat noch niemandem geschadet.«

»Aber Großvater, sein weißes Fell, das ist weißer als das Weiße vom Ei. Damit ist Klaas sehr, sehr schlecht getarnt. Man sieht ihn auf hundert Hoppelsprünge Entfernung.«

»Das stimmt«, bestätigt Egbert Kohlwitz. »Das hat mir Karotta, mein süßes Mümmelmöhrchen, auch schon erzählt. Klaas muss in jeder Pause ins faule Ei. Weil er beim Versteckspiel immer als Erster und mittlerweile auch als Einziger gefunden wird!«

»Und jetzt stellt euch vor«, sagt Hasilo, »Klaas hoppelt Ostern in die Menschenwelt. Im Morgengrauen leuchtet sein Fell in den Menschengärten doch wie ein Weihnachtsbaum. Oder wie der O-Stern am Nachthimmel.«

»Hasilo hat recht«, munkeln schon die ersten Hasen.

»Vergiss nicht, Opa. Selbst du wurdest bei deinem letzten Ostergang beinahe von den Menschen entdeckt, als du den Unfall hattest. Und dein Fell ist inzwischen eher mausgrau und nicht schneeweiß.«

»Du kannst doch nicht Karotten mit Pastinaken vergleichen, Junge! Ich bin vom Dach gefallen … weil …« Opa Osterhazy druckst herum. »Weil ich dort einen Brief für meinen langjährigen Brieffreund versteckt habe. Und dann bin ich ausgerutscht!«

»Was denn für ein Brieffreund?«, fragt Esther Osterhazy.

»Lass mich raten!«, prustet Hopsbert Schlaueier. »Bestimmt eine Brieftaube! Haha! Oder noch besser – der Weihnachtsmann!«

»Hört zu!«, sagt Hasilo. »Die Menschen dürfen keine Osterhasen sehen! Wenn die Menschen auch nur einen von uns entdecken, wird es gefährlich. Dann geht es auch uns anderen bald an die Löffel. Die Menschen werden uns fangen und knuddeln. Sie werden uns als Kuscheltiere, Haustiere oder als Versuchskaninchen halten! Was auch passiert, wenn wir in der Menschenwelt gefangen sind, dann können wir nicht mehr zurück nach Ostereiland! Und dann ist es auch mit Ostern bald aus und vorbei-ei-ei!«

»Eijeijei!«, raunen die Anwesenden, die jetzt wie ein Haufen Angsthasen aussehen.

»Und was schlägst du jetzt vor, mein Sohn?«, fragt Klaas' Vater. »Soll unser Klaas noch eine Ehrenrunde drehen und den Osterhasenführerschein im nächsten Jahr machen?«

Hasilo schüttelt den Kopf. »Selbst wenn Klaas weiter trainiert und Schoko-Hasen formt, Eier österlich bemalt und sich beim Verstecken verbessern sollte. Das Risiko ist einfach zu groß! Klaas ist eine Gefahr.

Für uns. Für sich selbst. Und für das gesamte Osterfest. Mein Vorschlag ist, Klaas sollte für immer von den Prüfungen ausgeschlossen werden.«

Ein eisiger Schauer läuft Klaas den Rücken hinunter. Sein Bruder fährt fort: »Er kann sich doch hier auf der Insel nützlich machen. Beim Eierbemalen, in der Schokohasenmanufaktur oder beim Korbflechten oder so. Er hat echt geschickte Pfoten.«

»Ich fürchte, Hasilo hat recht«, sagt Klaas' Vater bekümmert.

Die Hasen tuscheln aufgeregt.

»Ruhe, meine hochverehrten Hasenschaften! Nun eiern wir nicht länger herum. Wir stimmen ab!«, sagt Bürgermeister Brokkoli. »Wer dafür ist, dass Klaas für immer von der Osterhasenführerscheinprüfung ausgeschlossen wird, der hebe bitte die Pfote!«

Klaas lugt unter dem Tisch hervor und ihm wird ganz schwindelig. Alle heben die Pfoten. Sogar seine Eltern! Klaas' Mutter wischt sich eine Träne aus dem Augenwinkel.

»Es bricht mir das Herz«, schnieft sie. »Aber wir dürfen Ostern nicht in Gefahr bringen und wir dürfen nicht zulassen, dass meinem kleinen Sorgenhäschen in der Menschenwelt etwas zustößt.« Nur Opa Osterhazy stimmt als Einziger dagegen.

»Es ist beschlossene Sache«, sagt Bürgermeister Brokkoli. »Ich gebe zu Protokoll: Klaas Osterhazy wird für immer und ewig von der Osterhasenführerscheinprüfung ausgeschlossen. Er darf Ostereiland niemals verlassen!«

»Klääschen, mein armes Häschen«, flüstert Opa Osterhazy noch. Doch das hört Klaas nicht mehr. Er ist schon weinend davongehoppelt.

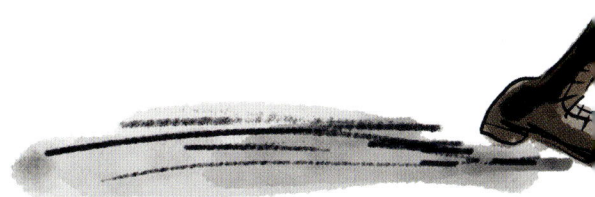

Acht

Klääschen in der Grube

Klaas rennt. Tränen strömen seine Wangen herab. Sein Herz klopft so schnell, wie es noch nie geklopft hat. Tausend Gedanken hoppeln durch seinen Kopf. Ob wahr ist, was die anderen sagen? Ist er kein echter Osterhase? Hat selbst Opa Osterhazy ihn angelogen? Er ist wirklich ein Sorgenhäschen. Und noch schlimmer, eine Gefahr für alle!

Klaas möchte weg. Weg, weg, weg. Aber wo soll er denn nur hin? Er hopst in den Frida-Kanina-Tunnel.

»Pass doch auf!«, schimpft ein Hase, dem Klaas zu dicht vor die Nase springt. »Manche sollten erst mal ihren Hoppelführerschein machen, bevor man sie in die Tunnel lässt!« Da schlägt Klaas einen Haken und schlüpft in den kleinen Tunnel, den er vor ein paar Stunden gebuddelt hat.

Eijeijei! Klaas hockt wieder im faulen Ei. Hier wird ihn so schnell niemand finden, denn die Schule ist schon lange aus. Auf dem Schulhof ist kein Hase zu sehen. Klaas rollt sich wie ein weißer Schneeball zusammen und kauert sich in die eiförmige Erdgrube. Am liebsten würde er auf der Stelle tief im Erdboden verschwinden. Entkräftet schließt er die Äuglein und schläft vor lauter Erschöpfung ein.

Als Klaas wieder aufwacht, ist es schon dunkel geworden. In der Ferne hört Klaas die Osterhasen seinen Namen rufen.

»Klaas! Klaas! Wo bist du?«

Klaas' Herz klopft ihm bis zum Hals. Nicht mehr lange, dann werden sie ihn finden. Denn auch in der Dunkelheit ist Klaas mit seinem weißen Fell schlecht getarnt. Klaas blickt zum Abendhimmel und sieht den O-Stern und den Nordstern leuchten. Er wünscht sich in eine andere Welt, weiß wie sein Fell, wo ihn kein Mensch und kein Osterhase finden kann.

Da fällt plötzlich eine Sternschnuppe vom Himmel. Und dann macht Klaas etwas, das er besonders gut kann. Er betrachtet die Dinge von der anderen Seite. Und da hoppelt ihm eine fabelhafte Idee in den Kopf. »Ich hab's«, juchzt er und macht einen Freudenhopser. »Wenn der Schnee nicht vom Himmel fällt, dann muss ich eben dorthin fallen, wo der Schnee ist! Durch den Ostertunnel!«

Aufgeregt schultert Klaas den Osterkorb. Im Mondschein hopst er über den verlassenen Pausenhof. Und unter einem weißen Fliederbusch schleicht er sich durch einen Geheimtunnel bis in die goldene Mitte von Ostereiland, zum Ostertunnel.

Neun

Der Tunnelflug

Der Ostertunnel ist ein magischer Tunnel: Er verbindet das Ostereiland mit der Menschenwelt. In einem Oval ist er umringt von eiförmigen kalkweißen Felsen. Wie in einem riesigen Osternest liegen die
Felsen im üppigen goldenen Zauberstroh. Auch der Tunnel ist von
einem geheimnisvoll gemusterten Fels-Ei verschlossen. Kein Hase
weiß genau, wie diese riesigen Felsen dorthin gekommen sind.
Aber mit ihrer Hilfe können die *Has*tronomen, so heißen die
Sternforscher unter den Osterhasen, vorhersagen, wann das
kommende Osterfest sein wird. Denn anders als Weihnachten
hat Ostern kein festes Datum. Wann Ostern ist, das können
die Menschen am Mond und die Osterhasen am O-Stern
ablesen. Wenn nämlich der O-Stern wie ein eiförmiges
O am Himmel leuchtet und an einer ganz bestimmten
Stelle über den uralten Steinfelsen steht, wissen die
Osterhasen, wann sie in die Menschenwelt hoppeln
müssen. Und der Ostertunnel bahnt allen Osterhasen
wie durch Zauberhand den schnellsten Weg in den
Erdteil, das Land und den genauen Ort, wo er

Ostergeschenke und Leckereien für die Menschen verstecken soll.

Klaas stellt sich das Fell auf, als er aus dem Geheimtunnel in das goldene Stroh hopst, das im Mondlicht schimmert.

»Klaas! Klaas!«, hört er mehr und mehr Osterhasen rufen. Alle 443 Hasen sind auf den Pfoten und suchen nach ihm. Klaas klettert auf eine baumhohe Osterglocke und hopst weiter auf ein riesiges Blütenblatt. Da sieht er in der Ferne viele Laternen leuchten, mit deren Hilfe die Hasen nach Klaas Ausschau halten.

Klaas spitzt die Löffel, als er unter den Rufen eine vertraute Stimme vernimmt.

»Klaas, mein Kleiner? Wo bist du?«, hört er seine Mama rufen. Und Klaas spürt einen dicken Kloß im Hals, als er auch seinen Opa rufen hört: »Klääschen, mein Häschen! Wo steckst du?«

Bestimmt hat Opa Osterhazy einen Riesenschreck bekommen, als er gesehen hat, dass Klaas samt Osterkorb verschwunden ist. Am liebsten würde Klaas seinem Opa in die Arme hoppeln, aber dafür ist es jetzt zu spät.

Plötzlich hört der kleine Hase im Blumendickicht kräftige Hoppelschritte.

»Köttel!«, flüstert er, denn Klaas weiß sofort, zu wem die gehören: Hasilo.

»Klaas! Wo bist du? Komm

raus!«, ruft Hasilo. »Verstecken hat doch keinen Zweck! Vergiss nicht, ich bin auf der Insel der beste Verstecker! Und ich bin auch der beste Osterhasenentdecker. Mir geht kein Hase durch die Lappen, das kannst du mir glauben!«

Da reicht es Klaas. So ein Angeber! »Na, das werden wir noch sehen!«, sagt Klaas. Er nimmt allen Mut zusammen.

»Tunnel frei, Osterei!«, flüstert er und glaubt nicht, was passiert. Das riesige steinerne Ei rollt tatsächlich ein Stück zur Seite und gibt den Weg in den Ostertunnel frei. Und ehe er sich's versieht, hopst Klaas in die schmale Öffnung hinein und springt mit einem Satz in die Dunkelheit. Kaum spürt Klaas die Erde unter seinen Pfoten, rollt das Ei wieder zurück und verschließt den Tunnel.

Es ist so finster! Klaas kann kaum die eigene Pfote sehen. Im Dunkeln tapst er umher und betastet die Erdwände um sich herum. Anscheinend befindet er sich in einem großen eiförmigen Erdsaal. Doch einen Tunnel kann er nirgends entdecken. Da fällt ihm ein, was er kürzlich im Erdkundeunterricht gelernt hat. »Natürlich! Damit der Tunnel sich öffnet, muss man laut aussprechen, wo man hinmöchte. Und dann muss man dreimal mit der linken Pfote zuerst auf den Erdboden klopfen!«

Irgendwie ist Klaas unheimlich und feierlich zugleich zumute und er fasst sich ein Herz.

»Ich weiß, ich habe meinen Osterhasenführerschein noch nicht bestanden. Aber bitte, bitte, bitte, mach eine Ausnahme. Nur dieses eine Mal.«

Und weil der Tunnel Reime besonders mag, sagt Klaas:

»Lieber Tunnel,

bitte bring mich in die magische weiße Weihnachtswelt,

in der das ganze Jahr der Schnee vom Himmel fällt!«

Dann klopft Klaas dreimal mit der linken Vorderpfote auf den Boden. Erst tut sich nichts, doch dann auf einmal bebt es unter seinen Pfoten. Mit einem *wusch* öffnet sich der Boden. Wie auf einer Erdrutsche saust Klaas abwärts. Und das macht Spaß! Plötzlich rutscht Klaas nicht mehr, er fällt und fällt und fällt immer weiter in die Tiefe.

»Eijeijeiiiiiii!«, ruft Klaas und weiß gar nicht mehr, wo oben und unten ist. Er spürt einen komischen Druck auf den Löffeln. »Gibt es hier denn kein Licht?«, ruft er. Kaum hat er die Frage ausgesprochen, schon glühen schwebende Ostereier wie Sterne um ihn herum. »Oh! Wow! Glüheier!«, ruft Klaas, der die zauberhaften Lichter nur aus den Erzählungen der großen Hasen kennt. Und was Klaas dann sieht, kann er kaum glauben. Auch sein weißes Puschelschwänzchen beginnt zu leuchten wie eine Scheinwerferlampe. »Meine Lampe!«, juchzt Klaas, der jetzt erst richtig versteht, warum die Schwänzchen der Hasen manchmal »Lampen« genannt werden. Er kriegt vor lauter Staunen den Mund nicht zu. Karotten, Radieschen und anderes knackiges Wurzelgemüse sprießt ringsherum aus der Tunnelerde, sodass Klaas es im Vorbeifall ganz leicht pflücken kann.

»Lecker!«, sagt er und mümmelt an einer Möhre. Gegen den komischen Druck auf den Ohren hilft das Mümmeln auch. Klaas dreht Purzelbäume und schlägt Haken in der Luft. »Hoppla!« Im Sturzflug schlackern ihm die Ohren. Doch als er seine Ohren zu beiden Seiten wie Flugsegel ausspannt, gleitet er in einen angenehmen Segelflug über.

»Hurra! Ich habe Segelohren! Ich fliege! Ich fliiieeege!«, jubelt Klaas, der mit seinen Segelohren sogar lenken kann. »Cool, das macht Spaß!«, juchzt er. Durch den Ostertunnel zu fliegen, ist schon etwas anderes, als im faulen Ei festzusitzen.

Da wird es mit einem Mal ganz schön frisch. Ein kalter Wind weht ihm um die Nase und ein himmlischer Zauberduft liegt in der Luft. In der Ferne sieht Klaas weißes Licht.

Zehn

Winterwunderland

»Eiiiiiiii!«, kreischt Klaas, als er mit einer Fontäne aus Schnee aus dem dunklen Tunnel hoch in den strahlend blauen Himmel geschleudert wird. Er spannt seine Ohren auf und segelt wie eine Fellflocke Richtung Boden. Mit einem dreifachen Salto landet er kopfüber in etwas Watteweichem. Das fühlt sich herrlich kalt und wunderbar kitzelig an.

»Ei der Daus! Schnee! Schnee! Echter Schnee!!«, prustet Klaas überglücklich, als er sein Näschen aus dem weißen Flockenmeer reckt. Schnell scharrt Klaas den Ausgang des Tunnels zu und formt darüber ein Schnee-Ei. Den Osterkorb versteckt er im Schnee. Hurra! Jetzt kann er nach Herzenslust herumtollen.

Klaas hoppelt über eine weiße Zauberlandschaft. Er legt sich in den Schnee, streckt die Vorder- und Hinterbeine von sich und macht einen Hasenengel. Er schnuppert an Schneeglöckchen, die zauberhaft duften. Er jongliert mit Schnee-Eiern, schlägt Haken und Purzelbäume. Und er baut einen Schneehasen mit Turnschuhen und großen Muskeln, der Hasilo sein soll. »Such mich doch, du Eierloch!«, sagt Klaas und streckt dem Schneehasen die Zunge heraus. »Hier können mich Karotta,

Schnuppo, Hasilo und die anderen Hasen suchen, bis sie alt und grau werden. Hier bin ich der beste Verstecker! Hier findet mich keiner!!!«, jubelt Klaas.

Schon kugelt er sich zusammen und rollt wie ein Schneeball mit Ohren einen Abhang hinunter.

»Hilfe! Wo ist denn hier die Bremse?«, ruft er, als er im Hasenzahn den Abhang hinuntersaust.

Krawumm! Klaas purzelt gegen eine prächtig geschmückte Wintertanne. Zum Glück macht das der Tanne nichts aus und der Schnee hat den Aufprall auch für den kleinen Hasen abgefedert. »Hurra! Noch mal!«, ruft Klaas. Wer hätte gedacht, dass Schnee so supercool ist und so viel Spaß bringen könnte?

Da öffnet sich plötzlich ein paar Hoppelsprünge entfernt eine fein geschnitzte Holztür. Unter dem schneebedeckten Boden war sie Klaas zuvor gar nicht aufgefallen.

Ein kleines Wesen in einem tannengrünen Mäntelchen und mit einem grünen Zipfelmützchen stapft in dicken Winterstiefelchen hinaus in den Schnee. Das Wesen ist kaum größer als Klaas oder der giftgrüne Gartenzwerg, den Opa Osterhazy von einem seiner Ostergänge mitgebracht hatte. Es hat zwei abstehende schneeweiße geflochtene Zöpfe,

lang wie Hasenohren, die unter seiner grünen Zipfel-
mütze in die Luft ragen. Und dann greift das Wesen
in einen Jutesack und macht etwas Merkwürdiges.
Es hält ein Bündel Karotten in die Luft. Klaas läuft
das Wasser im Mund zusammen. Da ruft das Wesen:
»Kommt, meine Süßen! Lecker! Lecker! Kommt,
Schnuppe, Flöckchen, Schneeglöckchen, Winta, Blitzchen,
Donnerhalla, Nordwind, Zimtstern und Rosinchen!«
Da hört Klaas, klingelingeling, die Glöckchen klingeln.
Darauf folgt ein Schnauben. Klaas reckt seinen Kopf hoch
und glaubt nicht, wer da durch den Winterhimmel galoppiert.
»Rentiere«, flüstert Klaas und sein Herz schlägt vor Freude einen
Purzelbaum. Die Tiere sehen genauso aus wie die kleinen Figuren in
Opas und seiner Schneekugel. Nur tausendmal größer und lebendig!
Tänzelnd schweben sie in der Luft und fressen dem Wesen die Möhren
aus der winzigen Hand. Oh, Klaas wird ganz warm ums Herz. Ein echtes Rentier zu sehen, das hat er sich schon immer gewünscht.
    »Schaut mal!«, sagt die Kleine zu den schmatzenden Rentieren, die
sie aus großen freundlichen Augen anblicken, und holt etwas Run-
des aus ihrer Manteltasche. »Diese Schneekugel habe ich ganz allein
gemacht.« Die Rentiere beschnuppern die Kugel neugierig. »Seht ihr?«,
sagt das Wesen stolz. »Ihr seid hier auch alle drin! Und natürlich der
Weihnachtsschlitten! Für die Kugel habe ich von Frau Wichtelclever
ganz großes Lob bekommen und einen Glitzer-Aufkleber – ein Weih-
nachtssternchen. Cool, oder?«
    Die Rentiere nicken mit den Köpfen, als hätten sie jedes Wort ver-

standen. »Und der Weihnachtsmann hat heute zu mir gesagt: Meine liebe Wichta, deine Schneekugel ist so schön geworden, dass sie schon dieses Weihnachten verschenkt werden kann!«

»Wow!«, flüstert Klaas anerkennend. Er hat zwar keine Ahnung, wie man eine Schneekugel macht oder warum sie nicht schön genug sein sollte, um sie zu verschenken. Aber er stellt es sich ein bisschen so vor wie die Ostereier, die er in der Schule herstellt.

»Und wenn ich weiter so gelobt werde, dann kriege ich hoffentlich endlich bald mein rotes Zipfelmützchen und mein rotes Mäntelchen und den Weihnachtsführerschein mit Schlittenmitflugerlaubnis! Und wisst ihr, was das heißt? Dann darf ich mit euch durch die Lüfte zu den Menschen fliegen und vielleicht sogar ganz vorne neben dem Weihnachtsmann auf dem Schlittenbock sitzen! Cool, oder?«

»Supercool!«, flüstert Klaas und stellt sich vor, wie himmlisch das sein muss. Auf einem Rentiertierschlitten durch rieselnden Schnee zu fliegen, das hat er sich auch schon immer gewünscht.

Jetzt sieht Klaas auch unter den weißen Zöpfen spitze Ohren hervorblitzen. Da plötzlich wird es ihm klar. Naturlich! Das Wesen, das Wichta heißt, ist ein Wichtel, genau gesagt eine Wichtelin, eine waschechte Weihnachts- wichtelin. Da schnalzt Wichta mit der Zunge. Schon lan- den die Rentiere sanft um sie herum auf dem

Schnee. »Platz, Schnuppe, Platz!«, sagt die Wichtelin zu einem Rentier mit einer Blesse, die tatsächlich wie eine Sternschnuppe aussieht. Das Rentier legt sich auf den Boden und sucht nach Glöckchen im Schnee. Die kleine Wichtelin schwingt sich mit einem »Uppala« auf den Rentierrücken. »Nicht zu viele Schneeglöckchen fressen, Schnuppe, sonst verdirbst du dir noch den Magen!« Dann schnalzt sie noch einmal und das Rentier erhebt sich. »Und nun ab in den warmen Stall, ihr Braven!«, sagt sie. »Es wird schon dunkel.« Wichta hält sich an Schnuppes Geweih fest und reitet, gefolgt von den anderen Rentieren, davon. Leise hopst Klaas in die Hufspuren und stapft der wundersamen Winterkarawane unauffällig hinterher.

Sie laufen durch einen Winterwald mit geschmückten Tannenbäumen. Herrliche Gerüche strömen in Klaas' Nase. Der Duft von Schneeglöckchen, Fichtennadeln, Rentierfell, Zimt, Äpfeln und Orangenschalen, die sich in der Winterluft vereinen. Klaas schnuppert den noch nie gerochenen Wunderduft ein – den Duft von Weihnachten. »Mmh, riecht das lecker!«, flüstert Klaas. Der wunderbare Duft wird immer stärker, je näher Klaas auf das Weihnachtsdorf zuhoppelt. Schon lichtet sich der Wald. Klaas sieht kleine dampfende Türmchen aus dem hügeligen Schnee hervorlugen, an denen die Wichtelin geschickt vorbeireitet. »Das sind ja Schornsteine!«, flüstert Klaas und bemerkt, dass er gerade über Dächer läuft. Über die schneebedeckten Dächer der Weihnachtswichtelhäuser, die zur Hälfte in der Erde liegen. Klaas duckt sich hinter einen Schornstein. »Denen werde ich eine Freude machen!«, sagt er und reibt sich die Pfoten. »Morgen, Wichtel, wird's was geben!«

Nachts beim Weihnachtsmann

Schnell hoppelt Klaas zurück durch den Wald. Im Mondlicht sind die Hufspuren zum Glück noch gut zu erkennen. »Da ist es!«, sagt Klaas und freut sich, dass er ein Schnee-Ei über den Ostertunnel gebaut hat. Daneben hat er den Osterkorb verbuddelt. Und genau den braucht er jetzt. Klaas hopst in den Osterkorb und bereitet alles für die große Überraschung vor. Wie gut, dass noch ein Riesenvorrat an Osterleckereien im Korb ist. In den magischen Osterkörben bleibt alles herrlich frisch und knackig – egal, wie lange es dort schon lagert.

Auf leisen Pfoten schleicht Klaas sich durch den Schnee zurück ins Weihnachtsdorf. Zum Glück sind die Wichteltüren – genau wie die Türen der Osterhasen – nie abgeschlossen. »Das ist ja Wichta«, flüstert Klaas, als er im Flur eines Häuschens ein Foto entdeckt. Klaas bestaunt das Bild, auf dem das Wichtelmädchen freudestrahlend und mit stolzgeschwellter Brust vor einem prachtvollen Gefährt steht. »Cool! Das ist bestimmt der Weihnachtsschlitten«, staunt Klaas leise und wundert sich. Auf dem Foto sind Wichtas grüne Mütze und ihr Mäntelchen mit rotem Filz überklebt. Beinahe sieht es so aus, als trage sie ein rotes Mäntelchen und eine rote Mütze, die sogar zwei Zipfel hat.

Klaas legt der Wichtelin einen Schoko-Hasen in ihre grüne Zipfelmütze und ein Osterei auf den Nachttisch neben ihre tolle leuchtende Weihnachtskugel. »Schlaf gut, Wichta«, flüstert er. »Deine Weihnachtskugel ist echt *Ein*malig!«

Wenn Klaas draußen im Schnee mal eine Wichteltür nicht finden kann, rutscht er einfach durch den Schornstein in die Stube hinab.

Plötzlich steht der kleine Hase vor einem großen Haus. Klaas schmunzelt. Mit dem verschneiten Dach sieht das Haus beinahe so aus, als hätte es eine riesige weiße Zipfelmütze auf. Er staunt über die kunstvollen Schnitzereien und die riesigen Stiefelspuren, die auf das gemütliche Haus zuführen. »Natürlich! Hier wohnt er bestimmt – der Weihnachtsmann«, flüstert Klaas und bekommt vor Aufregung Herzklopfen und ganz rote Ohren. Klaas klettert auf das Zipfelmützendach. Mutig hüpft er mit aufgespannten Segelohren in den dunklen Schornstein. Er landet in einer Stube und hüpft auf einen riesigen Ohrensessel. Klaas' Augen glänzen. »Ei der Daus!«, sagt er. »Hier ist es ja fast so urgemütlich wie in Opa Osterhazys Wohnhöhle. Nur ist hier alles viel, viel größer!« Über dem Kamin hängen bunte Weihnachtsstrümpfe, die alle anders aussehen. An den Wänden bestaunt Klaas tolle Bilder und Dankesbriefe, gemalt und geschrieben von Kindern aus aller Welt. Da hört er plötzlich, »Schnoho-ho-ho!«, ulkige Schnarchgeräusche. Klaas stellt seine Lauscher auf und läuft den Geräuschen auf leisen Pfoten entgegen.

»Eia, da schnarcht er. Wie ein Eisbär«, flüstert Klaas. »Der echte Weihnachtsmann.« Klaas wird furchtbar feierlich zumute, als er den leibhaftigen Weihnachtsmann mit einer roten Zipfelschlafmütze unter einer dicken Daunendecke in einem schlittenförmigen Bett liegen sieht. »Wenn Opa Osterhazy dich nur auch sehen könnte«, flüstert Klaas ehrfürchtig und stellt sich vor dem riesigen Bett auf die Pfotenspitzen, damit er den Weihnachtsmann besser sehen kann. »Der hat schon immer geglaubt, dass es dich wirklich gibt.«

Klaas legt dem Weihnachtsmann ein paar besonders feine Schoko-Eier in die großen Stiefel. Und jeweils eine Leckerei in die vielen großen Weihnachtsstrümpfe, die über dem Kamin hängen. Hätte Klaas nur genauer hingeschaut, dann wären ihm die kleinen Jahreszahlen an den Fersen aufgefallen. Denn nach alter Tradition stricken die Wichtel dem Weihnachtsmann jedes Jahr zu Weihnachten neue Strümpfe für seinen Kamin. Und natürlich für seine Füße, denn auch in der eisigsten Weihnachtsnacht sollte ein Weihnachtsmann stets warme Füße haben. Das besagen schon alte Wichtelweisheiten. Einige davon sind sogar in den Strümpfen eingestrickt, so wie diese hier:

»Mit warmem Herzen und warmen Füßen
wollen wir das Weihnachtsfest begrüßen.
Der Weihnachtsmann in Kuschelsocken
lässt aller Wichtel Herz frohlocken.
Drum strickt zu jedem Fest ein Paar,
das bringt Glück fürs ganze Jahr!«

Draußen funkelt der Schnee mit den Sternen um die Wette. Und Klaas findet auch hinter den Tannen, unter den Weihnachtssternen und Schneeglöckchen noch Hunderte fantastische Verstecke.

Hasenmüde stapft er in den warmen Rentierstall, in dem glitzernde Strohsterne unter der Decke hängen. Er schüttet Schoko-Eier in den Futtertrog und legt sich ein paar auf die flache Pfote. »Brave Rentierchen! Liebe Rentierchen!«, sagt Klaas und gluckst freudig. Mit ihren weichen Mäulern fressen ihm die Rentiere nämlich schon aus der Hand. »Ei, ei«, sagt Klaas und streichelt den Rentieren die Stirn und den Hals. Dann versteckt er Opa Osterhazys Osterkorb im Heuschober hinter einem Strohballen. Ein super Versteck!

Klaas macht sich ein behagliches Hasennest im Rentierstroh. »Ich hoffe, ihr habt nichts dagegen, wenn ich heute bei euch schlafe«, sagt Klaas. »Ich schnarche auch bestimmt nicht so laut wie der Weihnachtsmann.«

Während die Rentiere gemütlich schmatzen und die Wärme dampfend aus ihrem Fell steigt, kuschelt Klaas sich in sein Nest. Er hat heute für 333 Wichtel und einen Weihnachtsmann Leckereien versteckt. Er hat genau mitgezählt und hofft, dass er niemanden vergessen hat.

»Gute Nacht, Rentiere! Gute Nacht, Opa«, sagt Klaas. Dann fallen ihm nach einem langen Tag und einer langen Nacht die Äuglein zu.

Zwölf

Was liegt da im Stroh?

Am Morgen wird Klaas von buntem Stimmengewirr und Gelächter geweckt. Verschlafen reibt er sich die Augen. Durch einen kleinen Spalt zwischen zwei Holzlatten lugt er nach draußen. Klaas muss sich ein zweites Mal die Äuglein reiben, denn er glaubt nicht, was er dort sieht: Unzählige Wichtelinnen und Wichtel mit schneeweißen Haaren und Bärten in dicken grünen und roten Wintermäntelchen. Mit glühend roten Bäckchen stapfen sie suchend durch den Schnee. Aufgeregt linsen sie unter geschmückte Tannenzweige, hinter immerblühende Schneeglöckchen und unter die roten und weißen Blätter der Weihnachtssterne. Und sie schauen hinter die vielen lustigen Schneewichtel und Schneewichtelinnen, die Klaas in der Nacht gebaut hat.

Klaas kichert und flüstert zu sich: »Eia! Sie suchen die versteckten Schoko-Eier!« Vor Freude wackelt Klaas mit seinem Puschelschwänzchen, als er sieht, wie die Wichtelkinder lachen und glucksen, als sie die Eier finden. Was für ein fröhliches Treiben!

»Juchhu! Ich hab eins!«, ruft ein Wichtelmädchen. Stolz hält es ein Nugat-Ei wie eine Trophäe in die Luft und steckt es sich in den Mund. »Und es schmeckt sooo lecker!«, sagt es mit vollen Backen. »So etwas Köstliches habe ich noch nie gefrühstückt!

»Das sind die leckersten Frühstückseier der ganzen Welt! Solche Frühstückseier könnte ich jeden Morgen verputzen!«, pflichtet ihr ein Wichteljunge bei. »Da könnte ich mich reinlegen.«

»Und ich erst!«, sagt ein sehr alter, runzliger Wichtel und lacht wie ein Kind. »Die Schokolade schmilzt auf der Zunge wie Puderschnee. Und sie hat eine besonders feine Note! So eine habe ich in meinem ganzen Leben noch nie gegessen!«

Von allen Seiten stapfen immer mehr Wichtel aus ihren schneebedeckten Wichtelhäuschen, die wie die Höhlen der Osterhasen halb unterhalb und halb oberhalb der Erde liegen. Und ganz gleich, ob sie erst ein paar Jahre oder schon ein paar Jahrhunderte alt sind, alle staunen sie wie die Kinder.

Klaas sieht sieben lustige Wichtel mit Zipfelmützen hintereinander am Stall vorbeistapfen.

»Wer hat was Süßes auf mein Tellerchen getan?«

»Wer hat ein Ei in mein Becherchen gelegt?

»Wer hat an meinem Möhrchen geknabbert?«

»Wer hat ein Schoko-Häschen unter meinem Bettchen versteckt?«

»Unter meinem auch!«

»Unter meinem auch!«

»Unter meinem auch!«, tönen die sieben Wichtel wie aus einem Mund.

»Ich! Das war ich!«, würde Klaas am liebsten rufen, aber er beißt sich kichernd auf die Zunge.

»Ho, ho, Hosianna!«, hört Klaas plötzlich eine wunderwarme Stimme. »Da ist ja noch ein Ei! Und noch eins! Und noch eins!« Lachend stopft sich der Weihnachtsmann die Manteltaschen voll und lässt es sich schmecken. »Na, ich bin mir sicher, dass sich meine braven Wolkenflitzer auch über eine Frühstücksleckerei freuen!«, sagt er und stapft in den Rentierstall. »Schaut mal, meine Lieben! Lecker!« Der Weihnachtsmann legt sich ein paar Schoko-Eier in die Hand, um sie zu verfüttern. Anders als gewöhnliche Rentiere vertragen die Rentiere vom Weihnachtsmann nämlich durchaus etwas Süßes.

Klaas duckt sich im Stroh. Da steht er wirklich, wach und groß, nur ein paar Hoppelsprünge entfernt, der echte Weihnachtsmann!

»Huch! Na so was! In eurem Trog, da sind ja schon Eier«, sagt der Weihnachtsmann zu den Rentieren und lacht, als er ringsherum noch mehr Eier im Stroh liegen sieht.

Da ruft der Weihnachtsmann die Wichtel: »Kommt her, meine Lieben! Wichtelvollversammlung im Stall! Und leckere Frühstückseier gibt's hier auch!«

»Hurra!«, jubeln die Wichtel und strömen in den Stall.

»Hereinspaziert! Hereinspaziert!«, sagt der Weihnachtsmann fröhlich. »Immer herein in den guten Stall!«

Der Weihnachtsmann stellt sich auf einen Strohballen und spricht zu den Wichteln. »Raus mit der Sprache! Welchem witzigen Wichtel haben wir diesen köstlichen Spaß zu verdanken? Dir vielleicht, Witzko Wichtelwitz? Du machst doch immer so lustige Sachen!«

»Nein, lieber Weihnachtsmann!«, sagt Witzko Wichtelwitz. »Mit den Eiern habe ich leider nichts zu tun!«

»Oder war es vielleicht eine witzige Wichtelin?«, fragt der Weihnachtsmann und beugt sich zu Wichta. »Wichta, warst du das? Du machst ja nicht nur fabelhafte Schneekugeln, sondern auch 1-a-Schokolade, wie ich von deiner Lehrerin, Frau Schokowinksi, höre.«

»Äh«, sagt Wichta und wird ganz rot. Zu gerne würde sie das Lob einheimsen. Doch den Weihnachtsmann kann sie nicht belügen. Das bringt für einen Wichtel 77 Jahre Pech, glauben die Wichtel, denn so lautet eine alte Wichtelweisheit:

»Hast du Wicht den Weihnachtsmann belogen,

hast du dich um 77 Jahre Glück betrogen.«

Also lächelt Wichta nur. Ein Lächeln ist ja noch keine Lüge.

»Na, wenn das so ist, verdienst du eine wichtelwichtige Auszeichnung, liebe Wichta!«, verkündet der Weihnachtsmann.

»Äh, ich glaube, das war wohl ein Missverständnis«, sagt Wichta. »Das, äh, das war ich nicht. Aber, ich, äh, ich habe einen wichtigen Vorschlag zu machen.« Schnell klettert Wichta neben den Weihnachtsmann auf den Strohballen. »Lieber Weihnachtsmann, liebe Wichtelinnen und Wichtel, Weihnachten steht vor der Tür. Und wir Wichtel und Wichtelinnen müssen wichtige Aufgaben erledigen. Sehr wichtige Aufgaben! In dem Wort *wichtig* steckt ja auch schon mehr als ein halber Wichtel drin, wie ich immer sage. Also sollten wir jetzt keine wichtige Zeit verschwenden, sondern blitzschnell zurück an unsere wichtige Arbeit! Schluss mit lustig! Auf, auf!«

Die Wichtel schauen alles andere als begeistert. Den Vorschlag finden sie gar nicht lustig.

»Unsere kleine Wichta! Wie sie leibt und lebt!«, beschwichtigt der Weihnachtsmann. »Wichta nimmt eben alles, was mit Weihnachten zu tun hat, sehr, sehr wichtig!«

»Weihnachtswichtelwichtig, wie ich immer sage«, betont Wichta.

»Ich weiß«, sagt der Weihnachtsmann liebevoll. »Du hast ja recht. Die Arbeit ist wichtig. Aber Spaß ist auch wichtig! Ich schlage vor, wir fangen heute alle ausnahmsweise später mit unserer wichtigen Arbeit an.«

»Mit der Wichtelschule auch?«, fragt ein Mädchen aus Wichtas Klasse.

»Und mit der Wichtelschule auch!«, sagt der Weihnachtsmann.

»Hurra!«, jubeln alle Wichtel außer Wichta.

»Ich will aber für den Weihnachtsführerschein lernen«, murrt sie leise.

»Hohoho, schau mal, Wichta! Ein Häschen! Wie niedlich!«, sagt der Weihnachtsmann und fischt einen braunen Schoko-Hasen aus dem Stroh. »Weißt du, Wichta, als kleiner Weihnachtsjunge, da habe ich mir immer einen echten Osterhasen zu Weihnachten gewünscht! Hohoho! Ist das

Schoko-Häschen nicht zum Anbeißen!?« Der Weihnachtsmann beißt dem Hasen ins Ohr. »Möchtest du auch ein Stück?«, fragt er und bietet Wichta das zweite Hasenohr an.

»Nein danke«, wiegelt Wichta ab. »Nachher bekomme ich noch Bauchschmerzen. Und ich möchte heute doch noch so viel wie möglich für den Weihnachtsführerschein trainieren!«

Doch der Weihnachtsmann hört gar nicht mehr richtig zu.

»Heißa, hopsasa! Na, dieses Spiel macht mir Spaß!«, jauchzt er und macht einen Freudenhopser ins Stroh, denn er hat noch etwas entdeckt.

»Da, sieh nur, da in der Ecke! Eia, popeia! Da liegen ja noch mehr Eier im Stroh. Mini-Schoko-Eier! Mmh! Wie goldig! Die muss ich aber auf der Stelle kosten!«

Schon greift der Weihnachtsmann ins Stroh.

Au weia! Klaas wird heiß und kalt. Ehe er sich's versieht, ist er schon aus seinem Versteck gesprungen und stellt sich vor die Mini-Schoko-Eier. Die sind in Wirklichkeit nämlich keine Schoko-Eier, sondern Hasenköttel. Nachts musste Klaas mal für kleine Hasen.

»Nein! Nicht essen! Das äh, das sind keine Schoko-Eier …«, stammelt er. »Äh, sie schmecken … äh … gar nicht süß. An dem Rezept muss ich noch, äh, feilen!«

»Hohoho! Dann bist du der Meister-Chocolatier!«,

sagt der Weihnachtsmann und sieht Klaas aus glänzenden, gütigen Augen an. »Ja, bist du denn ein Osterhase?«

»Osterhasen gibt es doch gar nicht!«, bemerkt Wichta in einem wichtigen Tonfall. »Die haben sich die Menschen doch nur ausgedacht, weil sie Hasen so süß und putzig finden.«

»Äh, ich«, stammelt Klaas, der selbst nicht mehr weiß, ob er überhaupt ein echter Osterhase ist. »Ich bin Klaas … äh, und ich weiß nicht genau, was für ein Hase ich bin.«

»Bestimmt ist er ein Schneehase!«, ruft eine Wichtelin. »Das sieht man doch sofort an seinem schneeweißen Fell.«

»Richtig! So wird es sein!«, rufen auch die sieben Wichtel wie aus einem Mund. »Er ist ein Schneehase!«

»Mit einem verflixt guten Pfötchen für Schokolade«, ergänzt Rosina Wichtelzimt, die Bäckermeisterin der Weihnachtswichtelbäckerei.

»Na, Klaas, du wirst bestimmt noch herausfinden, was für ein Hase du bist!«, sagt der Weihnachtsmann und zwinkert Klaas zu. »Darf ich mich vorstellen? Ich bin der Weihnachtsmann.

Und dann reicht der Weihnachtsmann Klaas zur Begrüßung seine große warme Hand und Klaas schlägt mit seiner schneeweißen Pfote ein.

»Willkommen im Weihnachtsdorf!«, sagt der Weihnachtsmann und zwinkert Klaas zu.

»Hosianna! Willkommen im Weihnachtsdorf!«, jubeln 332 Wichtel im Chor. Nur eine Wichtelin stimmt in den Willkommenschor nicht mit ein: Wichta Wichtelig.

Dreizehn

Das Weihnachtsdorf

Der Weihnachtsmann höchstpersönlich zeigt Klaas das Weihnachtsdorf. Klaas fühlt sich wie in einem Märchenland und weiß gar nicht, wo er zuerst hinschauen soll. Sie gehen durch die Wunschzettelzentrale, die von außen aussieht wie ein riesiger Postkasten. Nach dem freien Morgen arbeiten die fleißigen Postwichtel doppelt so schnell. Sie flitzen umher und sortieren die Briefe, dass Klaas bald schwindelig wird. Weiter geht es ins Rechenzentrum. Dort schieben die Wichtel Zahlen hin und her. Mit rauchenden Köpfen berechnen sie die beste Flugroute für den Weihnachtschlitten. Dabei müssen sie auch die Zeitzonen und die Winde genau beachten.

»Meine Mama kann auch super rechnen«, sagt Klaas. »Und erfinden kann sie auch!«

Weiter geht es in ein schmuckes Haus mit sieben Kuppeldächern. Nur dass die Kuppeldächer riesige glitzernde Weihnachtskugeln sind.

»Wow!«, raunt Klaas. »Das sieht ja aus wie ein Schloss, ein echtes Märchenschloss!«

»Willkommen in der Weihnachtsschmuckwerkstatt«, sagt der Weihnachtsmann.

Klaas schaut sich in allen sieben Türmen um. Und als er einen Wichtel sieht, der einen hübschen Stern aus Stroh flicht, bringt er dem fleißigen Kunsthandwerker sogar schnell noch eine ostereiländische Flechttechnik bei.

Die Verpackungshalle sieht aus wie ein riesiges hübsch verpacktes Weihnachtsgeschenk mit Goldschleife. Heute ist auch Wichta mit ihrer ganzen Schulklasse da. Sie üben Geschenke einpacken. Als Wichta den Weihnachtsmann sieht, legt sie sich natürlich besonders ins Zeug.

»Wie macht ihr Wichtel das nur?«, fragt der Weihnachtsmann voller Bewunderung. »In meinem Leben habe ich schon viele Geschenke verpackt, aber keines so hübsch wie ihr!«

Die Spielzeughalle sieht von außen aus wie eine bunt bemalte Spielzeugkiste und von innen wie ein Paradies. Klaas könnte sich Wochen und Monate dort verkriechen, bis er mit jedem Spielzeug gespielt hat. In der Kuscheltierabteilung spielt Klaas dem Weihnachtsmann einen Streich: Er versteckt sich in einer Schar niedlicher Kuschelhasen und bewegt nicht einmal die Tasthaare. Bevor sie weitergehen, steht Klaas sogar einem Kuscheltier-

macherwichtel für einen neuen Kuschelhasen
Modell.

In der duftenden Weihnachtsbäckerei, die
ganz aus Weihnachtsplätzchen und Lebkuchen
gebaut ist, schnuppert sich Klaas überall um. Hier werden alle Weihnachtsleckereien der Welt hergestellt – auch Schoko-
Weihnachtsmänner. Als Klaas seine Schoko-Rentiere zeigt, sind
sofort alle begeistert!

Am tollsten aber findet Klaas die riesige Schneekugelhalle
mit dem gläsernen Kuppeldach, durch das man draußen echten Schnee rieseln sehen kann.

»Ei der Daus! Wenn das mein Opa sehen könnte«, ruft
Klaas.

»Jede Schneekugel, die wir hier fertigen, ist ein handge-
machtes Einzelstück!«, erklärt der Opa von Wichta, Wasimir
Wichtelig.

»Du solltest sie mal von hoch oben aus der Luft sehen! Da
sieht die Werkstatt aus wie eine echte Schneekugel. Und die
werkelnden Wichtel sehen aus wie klitzekleine Spielfiguren!«

»Boah«, staunt Klaas. »Bei euch ist alles cool! Aber
ich glaube, die Schneekugelwerkstatt, die finde ich am
allercoolsten!«

»Und?«, fragt der Weihnachtsmann.
»Soll ich dir noch etwas Cooles
zeigen?«

»Au ja!«, juchzt Klaas und hoppelt dem Weihnachtsmann aufgeregt hinterher.

Klaas staunt, als der Weihnachtsmann auf eine große schmucklose Scheune zugeht, die etwas abseits vom Weihnachtsdorf liegt. Im Vergleich zu den anderen tollen Gebäuden sieht die Scheune fast schon langweilig aus.

»Na, dann mal rein in die gute Scheune!«, sagt der Weihnachtsmann und Klaas' Augen werden größer und größer.

»Schlitten! Was für coole Schlitten!«

»Siehst du, ich habe also nicht zu viel versprochen«, sagt der Weihnachtsmann und hebt Klaas auf seinen Arm, damit er sich die Schlitten aus der passenden Höhe ansehen kann. Es gibt einen Postschlitten, einen Schneepflugschlitten, einen Rennschlitten, einen Umzugsschlitten und noch ein paar Gefährte mehr.

»Der ist für den Wichtelkarneval«, erklärt der Weihnachtsmann. »Und das ist ein Hochzeitsschlitten. Wenn die Wichtel Hochzeit feiern, sause ich mit ihnen zu Feier des Tages an einem Tag einmal um die Welt! Und das ist mein Campingschlitten«, sagt der Weihnachtsmann etwas wehmütig, denn er kommt kaum dazu, Ferien zu machen.

»Wow! Du hast ja sogar einen Feuerwehrschlitten!«, ruft Klaas.

»Der ist schon sehr alt. Aber …« Der Weihnachtsmann klopft zur Sicherheit dreimal auf das Schlittenholz. »Zum Glück haben wir ihn noch nie gebraucht.« Dann hebt der Weihnachtsmann Klaas in die Höhe, damit Klaas einmal kräftig an der großen Feuerwehrglocke bimmeln kann.

Da sieht Klaas ihn endlich – den Weihnachtsschlitten. Mit Goldkufen,

rubinrotem Lack, Silberglöckchen, Samtsitzen, einem geschnitzten Armaturenbrett und allerlei Knöpfen, die wie der schönste Weihnachtsschmuck aussehen.

»Ist das ein heißer Weihnachtsschlitten!«, sagt Klaas. »Darf ich mich da mal reinsetzen?«

»Selbstverständlich«, antwortet der Weihnachtsmann und Klaas kriegt vor Freude ganz kribbelige Ohren.

»Frisch poliert und gewartet. Bereit für den Abflug!«, sagt der Weihnachtsmann. »Und den machen wir jetzt auch, mein Freund. Ich glaube, wir zwei haben uns ein schönes Stück Weihnachtsstollen verdient.«

Klaas lächelt. Hat der Weihnachtsmann ihn gerade Freund genannt?

Vierzehn

Namensvettern

Es ist Abend. Die Arbeit des Tages ist erledigt. Die Rentiere sind versorgt. Klaas und der Weihnachtsmann sitzen vor einem knisternden Kaminfeuer, als auch die 333 Weihnachtswichtel in die gute Stube hereinschneien. Alle wollen sie den Hasen sehen.

»Hohoho, na, heute ist hier aber was los, was?«, sagt der Weihnachtsmann und setzt zwei kleine Wichtelkinder auf die Ohren seines gemütlichen Sessels, damit sie auch gut sehen können. »Jetzt erzähl uns doch mal, Klaas, wo kommst du denn genau her?«

»Ich komme von einer grünen Insel. Da ist das ganze Jahr über Frühling!«

»Heißassa! Frühling!«, sprechen die sieben lustigen Wichtel schwärmend im Chor.

»Wie heißt denn die Insel?«, fragt Witzko Wichtelwitz.

»Ostereiland«, antwortet Klaas. »Von oben sieht die Insel nämlich aus wie ein riesengroßes Osterei!«

Wichta prustet. »Der Hase erzählt euch Märchen! Eine Insel, die Ostereiland heißt, gibt es nirgendwo auf der Welt!« Wichta ist sich ganz sicher. Schließlich hat sie alle Länder der Erde auswendig gelernt. Für den Weihnachtsführerschein.

»Jetzt lass den Hasen doch mal weitererzählen«, sagt ein Wichteljunge.

»Genau! Wir wollen den Hasen hören!«, ruft eine Wichteldame.

»Wenn du von Ostereiland kommst, bist du dann also doch ein Osterhase?«, fragt Wichtas Opa.

»Ich sag ja, ich … äh … ich weiß nicht, was für ein Hase ich bin. Und mein Bruder Hasilo und Karotta und Schnuppo, das sind zwei Hasen aus meiner Klasse, die sagen, ich bin kein echter Osterhase. Ich weiß nur, ich bin irgendwie anders als die anderen Hasen auf der Insel«, sagt Klaas. »Ich habe auch keinen Osterhasenführerschein.«

»Osterhasenführerschein?«, fragt ein Wichtelmädchen. »Wofür braucht man denn den?«

»Um in die Menschenwelt zu hoppeln und Ostereier zu verstecken!«, erklärt Klaas.

Und dann erzählt er den staunenden Wichteln von den Osterhasen und dem Leben auf Ostereiland. Und dass die Hasen dort gerade alle schon im Osterstress und sehr beschäftigt sind. Die Wichtel fragen Klaas Löcher in den Bauch. Und Klaas erzählt von der Schule und von den alljährlichen Vorbereitungen für das Osterfest.

»Ohoho! Da habt ihr zu Ostern aber alle Pfoten voll zu tun!«, sagt der Weihnachtsmann anerkennend. »Macht ihr denn auch mal Ferien?«

»Klaro«, sagt Klaas und seine Augen leuchten. »Wir machen Osterferien, also Ferien von Ostern. Die Osterferien gehen von kurz nach Ostern bis ein paar Wochen vor Ostern. Dann klingeln die Osterglocken und wir müssen alles vorbereiten.«

»Genauso wie bei uns!«, juchzt Witzko Wichtelwitz und knufft seinem Nachbarn in die Seite. »Wir machen Weihnachtsferien. Die gehen von kurz nach Weihnachten bis ein paar Wochen vor Weihnachten, wenn die Schneeglöckchen klingeln!«

Klaas, der Weihnachtsmann und die Wichtel erzählen sich bis tief in die Nacht gegenseitig von den vielen Freuden in der Weihnachtswelt und auf Ostereiland. Und alles hört sich so wunderbar an.

»Halleluja! Gurkenmasken, Nugat-Eier, Badespaß, Sonne, Strand und Meer!«, juchzt der Weihnachtsmann. »Solche Ferien würden mir auch gefallen. Ich glaube, ich bin reif für die Insel!«

»Ich auch! Ich auch! Ich auch!«, rufen 332 Wichtel im Chor.

Nur Wichta stimmt in den Chor nicht mit ein. »Pah! Da kriegen mich keine zehn Rentiere hin«, sagt sie zu sich. »Aber diese Märcheninsel gibt es sowieso nicht.«

Sie wünschte, der komische Hase würde endlich wieder ans andere

Ende der Welt verschwinden. Denn seit der Hase da ist, interessieren sich alle nur noch für ihn. Er hält sie alle nur von wichtigen Aufgaben ab und Lügenmärchen erzählt er auch.

»Eins würde mich noch interessieren, mein Kleiner«, sagt der Weihnachtsmann und streicht sich den Bart. »Wieso heißt du eigentlich Klaas?«

»Mein Opa hat mir den Namen gegeben. Eigentlich ist er mein Urur-urururuopa, aber ich sage immer Opa zu ihm. »Ei der Daus, der ist ja weiß wie der Bart von Santa Claus!«, hat mein Opa gerufen, als ich geschlüpft bin. Anders als die Hasen in der Menschenwelt schlüpfen wir nämlich aus dem Ei.«

»Hört, hört!«, sagen die Wichtel. »Was es nicht alles gibt!«

»Und weil Opa der erste Hase war, den ich gesehen habe, als ich aus dem Ei geschlüpft bin, durfte er mir einen Namen geben. Das ist bei uns so Brauch! Bei uns kümmern sich sowieso alle um die kleinen Osterhasen. Und um das Ausbrüten der Eier auch. Das machen nicht nur die Mamas.«

»Dann geht es bei euch also sehr gleichberechtigt zu«, sagt eine Wichteldame. »Sehr schön. Bei uns auch. Wie sagen wir immer: Um ein Wichtelkind aufzuziehen, braucht es ein ganzes Weihnachtsdorf!«

»Und als ich geschlüpft bin, hat mein Opa so laut gerufen, dass man es durch die Hasenhöhlen auf ganz Ostereiland gehört hat. Dann kamen alle Hasen angekoppelt und haben gestaunt. Die hatten nämlich gar nicht mehr damit gerechnet, dass überhaupt noch jemand aus dem Ei schlüpft. So lange war ich in dem Ei.«

»Aber dein Opa«, sagt der Weihnachtsmann. »Der hat an dich geglaubt!« Klaas nickt.

»Und glaubt er denn auch an den Weihnachtsmann?«

»Na klar! Der hat mir doch schon von dir erzählt, als ich noch im Ei war. Er hat mir Geschichten von dir vorgelesen und Lieder vorgespielt. Und er hat mir gerade von dir erzählt, da hat es *knacks* gemacht und meine Schale ist geplatzt. Weißt du, mein Opa, der ist Forscher. Er interessiert sich für Bräuche und Kulturen! In der Menschenwelt hat er alles über dich gesammelt, was er nur finden konnte.«

»Hohoho! Erstaunlich!«, sagt der Weihnachtsmann und lächelt. »Da hast du aber einen tollen Opa, Klaas! Und weißt du was? Wir zwei haben auch etwas gemeinsam. Wir sind nämlich Namensvettern!«

»Wirklich?«, fragt Klaas. Da erklärt der Weihnachtsmann.

»Weißt du, ich habe ja viele Namen. Manche nennen mich Santa Claus oder Väterchen Frost oder Papa Noël. In Finnland sagen sie Joulupukki. Und in den Niederlanden nennen sie mich Klaas. Genauer gesagt Sinterklaas!«

»Sinterklaas?«, sagt Klaas und freut sich, so einen tollen Namensvetter zu haben. »Das ist echt cool!«

Sie sitzen noch eine Weile gemütlich zusammen. Als es Schlafenszeit ist, geht Klaas nicht in den Rentierstall. In dieser Nacht schläft er beim Weihnachtsmann in der gemütlichen Stube. Über dem Kamin in einem kuscheligen von Wichtelhänden gestrickten Weihnachtsstrumpf, den er als Schlafsocke umfunktioniert hat.

Fünfzehn

Kugel oder Ei?

Die Sonne scheint schon strahlend auf den glitzernden Schnee, als Klaas am nächsten Morgen aus dem Haus des Weihnachtsmanns hoppelt. Da trifft ihn ein Schneeball im Rücken. »Schneeballschlacht!«, ruft der Weihnachtsmann. Klaas lacht.

»Schnee-Eierschlacht«, juchzt er und wirft dem Schneemann ein aus Schnee geformtes Ei an die rote Mütze. Lachend jagen sich die beiden durch das Weihnachtsdorf.

»Fang mich doch du, Eier … äh … Weihnachtsmann!«, ruft Klaas und versteckt sich hinter einem selbst gebauten Schneewichtel. Mit seinem weißen Fell ist Klaas im Schnee nicht zu entdecken.

»He, wo versteckst du dich, kleiner Hase, das ist unfair!«, ruft der Weihnachtsmann. Da läuft ihm Wichta über den Weg, die gerade dabei ist, die Rentiere auf ihre Flugwiese zu führen.

»Guten Morgen, Wichta«, grüßt der Weihnachtsmann. »Hast du zufällig den kleinen Klaas gesehen?«

»Nein«, sagt Wichta. »Aber, lieber Weih-

nachtsmann, hast du nichts Wichtigeres zu tun, als, äh, als einen Hasen zu suchen? Versteh mich nicht falsch. Ich meine ja nur … Es ist doch bald Weihnachten!«

Der Weihnachtsmann schmunzelt, denn er hat eine lustige Idee.

»Stichwort wichtig! Wichta, du hast doch heute bestimmt auch viele wichtige Dinge zu tun, oder?«

»Sehr viele wichtige Dinge«, sagt Wichta stolz. »Weihnachtswichtelwichtige Dinge. Und ich will auch noch für den Weihnachtsführerschein üben!«

»Das dachte ich mir«, sagt der Weihnachtsmann. »Dann überlass mir ruhig die Rentiere. Dann kannst du dich jetzt um die vielen anderen weihnachtswichtelwichtigen Dinge kümmern.«

Statt auf die Weide führt der Weihnachtsmann die Rentiere in die Scheune. Wenig später öffnet sich das Scheunentor und der Weihnachtsmann fliegt mit den Rentieren und dem Weihnachtsschlitten hindurch. »Hohoho, meine braven Wolkenflitzer! Ich suche den kleinen weißen Hasen. Seht ihr ihn?«

Die Rentiere fliegen suchend über das Weihnachtsdorf und schütteln ihre Köpfe. Auch sie können den schneeweißen Klaas auf den schneeweißen Dorfstraßen nirgends entdecken.

Da springt Klaas kichernd aus seinem Versteck und wedelt mit den Pfoten. »Hier bin ich!«

»Hoho, du bist ja geradezu ein Meister im Verstecken.«

Schon schwebt der Weihnachtsschlitten wenige Hoppelsprünge neben Klaas. »Lust auf einen Rundflug, kleiner Versteckkünstler?«, fragt der Weihnachtsmann.

»Au ja!«, ruft Klaas und kann sein Glück kaum fassen. Freudig hopst er in den Schlitten.

»Ich muss doch mal testen, ob alles rundläuft, bevor ich morgen losfliege!«, sagt der Weihnachtsmann.

»Morgen ist schon Weihnachten?«, fragt Klaas.

»Ja, sagt der Weihnachtsmann, die Zeit fliegt, nicht wahr?«

Und dann fliegen sie los. Die Rentiere galoppieren in die Lüfte. Hoch und höher!

Die Schlittenglöckchen, die wie silberne Schneeglöckchen aussehen, schellen.

»Kling, Glöckchen, klingelingeling!«, singt Klaas.

»Kling, Glöckchen, kling …«, stimmt der Weihnachtsmann mit ein und fragt: »Ja, woher kennst du denn dieses Weihnachtslied?«

»Von meinem Opa«, sagt Klaas.

Der Weihnachtsmann schmunzelt. »Von deinem Opa! Na, das hätte ich mir ja denken können.« Und dann ruft er ganz laut: »Hohoho!«

Und Klaas ruft: »Hops, hops, hops, ihr Rentiere!«

Dann bewundert er die herrlichen Knöpfe am geschnitzten Armaturenbrett.

»Was passiert, wenn man da auf den Sternenknopf drückt?«

»Na, dann kriegst du einen warmen Po. Hohoho! Dann geht die Sitzheizung an!«, erklärt der Weihnachtsmann und drückt den Kopf. Da wird es Klaas im Rücken und am Popo richtig muckelig warm.

»Wie sagen doch die Wichtel?

Sitzt der Wichtel warm und weich

ist's fast wie im Himmelreich!«

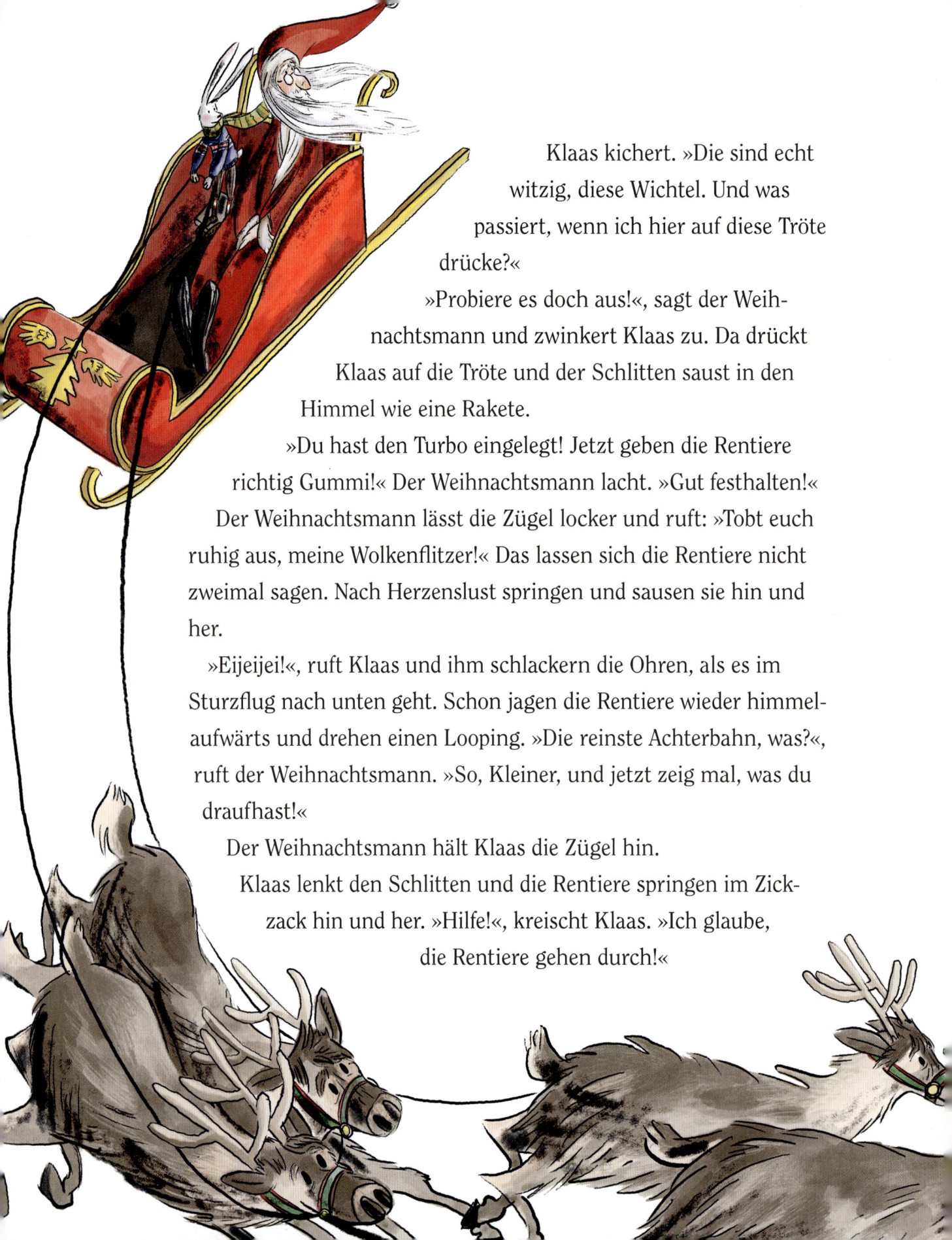

Klaas kichert. »Die sind echt witzig, diese Wichtel. Und was passiert, wenn ich hier auf diese Tröte drücke?«

»Probiere es doch aus!«, sagt der Weihnachtsmann und zwinkert Klaas zu. Da drückt Klaas auf die Tröte und der Schlitten saust in den Himmel wie eine Rakete.

»Du hast den Turbo eingelegt! Jetzt geben die Rentiere richtig Gummi!« Der Weihnachtsmann lacht. »Gut festhalten!«

Der Weihnachtsmann lässt die Zügel locker und ruft: »Tobt euch ruhig aus, meine Wolkenflitzer!« Das lassen sich die Rentiere nicht zweimal sagen. Nach Herzenslust springen und sausen sie hin und her.

»Eijeijei!«, ruft Klaas und ihm schlackern die Ohren, als es im Sturzflug nach unten geht. Schon jagen die Rentiere wieder himmelaufwärts und drehen einen Looping. »Die reinste Achterbahn, was?«, ruft der Weihnachtsmann. »So, Kleiner, und jetzt zeig mal, was du draufhast!«

Der Weihnachtsmann hält Klaas die Zügel hin.

Klaas lenkt den Schlitten und die Rentiere springen im Zickzack hin und her. »Hilfe!«, kreischt Klaas. »Ich glaube, die Rentiere gehen durch!«

»Hohoho, keine Sorge«, sagt der Weihnachtsmann. »Du musst die Zügel ruhig halten!«

Und tatsächlich, nach ein paar Flugschleifen hat Klaas den Bogen raus. Die Rentiere gleiten ohne Turbulenzen durch die Luft. Und wenn Klaas seine langen Segelohren zu den Seiten aufspannt, spürt er den Flugwind besonders gut und kann den Schlitten noch besser lenken.

»Ein toller Pilot bist du!«, lobt der Weihnachtsmann und Klaas' Ohren glühen vor Freude. Sie jagen durch die Lüfte. Unter ihnen liegt die Erde wie ein blauer Wunderball. Und als sie weiter um die Welt sausen, macht Klaas etwas, das er gerne macht und besonders gut kann. Er sieht sich die Welt von verschiedenen Seiten an.

»Mmh«, sagt Klaas und kratzt sich am Kopf. »Was meinst du? Ist die Welt eine runde Weihnachtskugel oder ein ovales Osterei?«

»Hohoho! Eijeijei«, lacht der Weihnachtsmann. »Gute Frage! Die Welt ist weder Kugel noch Ei. Sie ist irgendetwas absolut Einmaliges dazwischen, mein Kleiner!« Klaas nickt.

Die beiden schweigen und genießen diese einmalige Aussicht.

»Wunderbar, nicht wahr?«, schwärmt der Weihnachtsmann. »Ich glaube, es gibt nur eins, was uns diesen Moment noch versüßen könnte. Eins von deinen köstlichen Schoko-Eiern!«

Schon fischt er ein Nugat-Ei aus seiner Manteltasche, das er sich mit Klaas teilt.

»So, meine Braven! Ab nach Hause!«, ruft der Weihnachtsmann.

Das Weihnachtsdorf ist schon in Sicht. Erst sieht es klitzeklein und dann größer und größer aus. »Wo landen wir denn?«, fragt Klaas.

»Na, auf meinem Dach natürlich!«, antwortet der Weihnachtsmann. »Wer einen Weihnachtsschlitten fliegt, sollte auch die Dachlandung beherrschen.«

»Eijeijei«, sagt Klaas und breitet seine Ohren aus, damit er genauer steuern kann. Schon landen die neun Rentiere sanft auf dem Dach, genau vor dem Schornstein. Der Weihnachtsmann klatscht begeistert.

»Eine tolle Dachlandung! Mit Pauken und Trompeten bestanden. Du bekommst die Schlittenmitflugerlaubis. Herzlichen Glückwunsch! Wenn du möchtest, darfst du morgen bei mir im Schlitten mitfliegen. Und du darfst auch neben mir auf dem Schlittenbock sitzen.«

»Wirklich?«, fragt Klaas und kann sein Glück kaum fassen. »Hurra!«

»Und heute Abend wird das mit allen Wichteln gefeiert, bei einer schönen Tasse heißem Kakao!«

Sechzehn

Santa Haas

Am Abend versammeln sich alle 333 Wichtel im festlich beleuchteten Rentierstall. Der Weihnachtsmann steht auf einem Strohballen und hält eine Ansprache.

»Meine Lieben, wir wollen heute feiern! Ein Fest zu Ehren meines Freundes Klaas! Er hat nicht nur fantastische Ideen in unser Weihnachtsdorf gebracht. Er heute auch eine prima Dachlandung hingelegt und ist so toll geflogen, dass er morgen mit mir im Weihnachtsschlitten mitfliegen darf und den Weihnachtsführerschein bekommt!«

»Hurra!«

»Ein toller Hase!«

»Mit so tollen Einfällen!«, rufen die Wichtel und Klaas wird schon ganz rot um die Ohren.

»Und nun lasst uns feiern!«, sagt der Weihnachtsmann.

»Wartet!«, schreit Wichta vom Heuschober. Verwundert schauen alle in ihre Richtung.

»Alle herhören! Ich habe eine weihnachtswichtelwichtige Mitteilung zu machen! Klaas ist ein falscher Hase. Er hat uns belogen und betrogen! Ein Dieb ist er auch. Und das kann ich auch beweisen!«

Da zieht Wichta den Osterkorb aus Klaas' Versteck. »Seht her, was ich gefunden habe! Dieser Hase heißt gar nicht Klaas, er heißt Hasilaus Osterhazy! So steht es hier im Korb eingeflochten.«

»Hasilaus Osterhazy?«, sagt der Weihnachtsmann und streichelt sich schmunzelnd seinen Bart.

»Das ist mein Ururururururopa«, erklärt Klaas.

»Dann bist du also der Urururururenkel von meinem alten Brieffreund? Jedes Jahr zu Ostern hat Hasilaus in der Menschenwelt unter dem Dachziegel eines alten Hauses einen Brief für mich hinterlassen. Und ich habe ihm zu Weihnachten einen hingelegt. Aber ich habe schon seit vielen Jahren dort keinen Brief mehr von meinem alten Freund gefunden. Geht es ihm gut?«

»Ja«, antwortet Klaas. »Er ist in Rente. Sein Hinterlauf macht nicht mehr so mit. Er ist vor vielen Jahren vom Dach …«

Doch Klaas kann gar nicht mehr weitererzählen. »Ich bin noch nicht fertig!«, kreischt Wichta. »Klaas ist ein Dieb! Er hat uns bestohlen! Seht, was ich in dem Korb gefunden habe!«

Wichta holt die alte Schneekugel aus dem Korb.

»Das ist eine Schneekugel aus unserer Werkstatt. Eindeutig zu erkennen an der feinen Arbeit und den Schneeglöckchen, die unter dem Sockel eingraviert sind.«

»Moment«, ruft Wichtas Opa Wasimir Wichtelig und klettert zu seiner Enkelin auf den Heuboden. »Na, so etwas! Dass ich diese Kugel noch einmal wiedersehe! Die habe ich vor vielen, vielen Jahren angefertigt. Die stammt nicht aus dieser Saison!«

Fasziniert betrachtet Wasimir Wichtelig die alte Schneekugel und Klaas erklärt:

»Die hat mein Opa vor langer Zeit in der Menschenwelt gefunden.«

»Äh … Und wenn schon«, zetert Wichta. »Das heißt immer noch nicht, dass wir wissen, mit was für einem Hasen wir es zu tun haben. Er sagt ja selbst, dass er nicht weiß, ob er ein Osterhase ist.«

»Aber, hohoho«, lacht der Weihnachtsmann gutmütig. »Dass Klaas ein Osterhase ist, das ist doch sternenklar! Sonst könnte er uns doch gar nicht sehen! Schon vergessen?«

»Natürlich«, sagt Wichta zerknirscht und zieht vor Wut an ihren Zöpfen. Sie ärgert sich, dass sie so etwas Wichtiges übersehen hat. »Das lernen wir in der Wichtelschule ja schon in der ersten Klasse. Die Weihnachtswelt ist nur für magische Wesen sichtbar.«

»Exakt«, sagt der Weihnachtsmann. »Also muss Klaas ein magisches Wesen sein. Und wenn er kein Zauberhase ist, dann muss er ein echter Osterhase sein.«

»Dann bin ich tatsächlich ein echter Osterhase?«, fragt Klaas und kann sein Glück kaum fassen. Bis zu diesem Tag hat er das nämlich nie ganz glauben können. Auch wenn Opa Osterhazy ihm das tausendmal versichert hat.

»Aber natürlich, und ob du einer bist, mein Freund! Und ein ganz besonderer noch dazu. Du bist nicht nur ein echter Osterhase, du bist auch noch ein echter Weihnachtshase. Und weil du der erste Weihnachtshase bist, den die Welt je gesehen hat, verleihe ich dir den feierlichen Titel Santa Haas!«

»Klaas, der Santa Haas! Klingt das herrlich!«, ruft Rosina Wichtelzimt entzückt.

Da holt der Weihnachtsmann ein eigenhändig verpacktes Geschenk aus seiner Manteltasche. Wichtas Herz klopft ihr bis zum Hals. Ob der Weihnachtsmann nun eine zweite Ansprache plant? Wie schön es wäre, wenn er auch sie vor allen so loben würde wie Klaas. Genau dieses Geschenk, das der Weihnachtsmann eben aus seiner Tasche geholt hat, hat sie schon einmal gesehen. Wichta war heute nämlich schon ganz früh in der Verpackungshalle, um Einpacken zu üben. Und da hat sie den Weihnachtsmann beobachtet, wie er das Geschenk eingepackt hat. Nun ist sie ganz rot im Gesicht vor lauter Vorfreude und Aufregung, denn sie weiß etwas über das Geschenk, das sonst niemand außer ihr und dem Weihnachtsmann weiß.

»Das ist …« Der Weihnachtsmann hat noch nicht zu Ende gesprochen, da streckt Wichta schon ihre Hände aus, um das Geschenk entgegenzunehmen. Doch dann glaubt sie nicht, was sie da hört. »… für dich, Klaas, Santa Haas«, sagt der Weihnachtsmann.

Wichta reißt die Augen auf. Heiliger Strohsack! Das ist ja zum Zöpferaufen! Noch eine Überraschung für Klaas?

»Danke!«, ruft Klaas und öffnet das Geschenk. »Ein rotes Mäntelchen!«

»Und ein rotes Mützchen!«

»Mit zwei Zipfeln!«, rufen die Wichtel entzückt.

»Damit du keine kalten Ohren kriegst, wenn du beim nächsten Mal den Turbo einlegst!«, sagt der Weihnachtsmann.

»Was für ein schicker Hase! Weihnachtsrot steht ihm fabelhaft!«, ruft Rosina Wichtelzimt begeistert. »Seht nur, es passt so gut zu seinem Fell und seinen schönen, lieben Augen!«

Überglücklich fällt Klaas dem Weihnachtsmann um den Hals. Und hätte er nicht sein rotes Weihnachtsmützchen auf dem Kopf, würde der weiße Hase im weißen Bart des Weihnachtsmanns verschwinden wie ein Zauberhase.

Dann wird gefeiert. Klaas schüttet einen Berg voll Leckereien aus dem Osterkorb. Es gibt Möhrenkuchen, kandierte Karotten im Schokoladenmantel und die herrlichsten Ostereier, die man sich nur vorstellen kann. Der Weihnachtsmann und die Wichtel schlagen sich die Bäuche voll. Klaas zeigt ihnen den Eiertanz. Die Wichtel müssen zusammen tanzen, ohne dass das Ei zwischen ihren Bäuchen zu Boden fällt. So viel Spaß hatten die

Wichtel und der Weihnachtsmann schon lange nicht mehr. Und Klaas erfindet sogar noch eine neue Köstlichkeit: Heiße Hasen! Das ist heiße Milch, in die man einen Schoko-Hasen tunkt und ihn dann darin schmelzen lässt. Obendrauf kommt als Krönung fluffig geschlagener Eischnee.

»Halleluja! Ich liebe diese putzigen Schoko-Hasen«, sagt der Weihnachtsmann. »Weißt du, Schoko-Weihnachtsmänner mag ich nicht essen. Ich kann mir ja schlecht selbst den Kopf abbeißen. Hohoho!«

Alle feiern ausgelassen. Nur Wichta hat sichtbar miese Laune. Den ganzen Abend rührt sie kein Schoko-Ei, keinen Schoko-Hasen, keinen Möhrenkuchen und keine Leckerei an. Dieser Klaas, der im Sturm alle Herzen erobert, geht ihr echt auf die Nerven. Sie hat sich monatelang ins Zeug gelegt, unzählige Weihnachtskugeln bemalt, Schneekugeln hergestellt, Bestnoten gesammelt, den Rentierstall ausgemistet und tausend wichtelwichtige Aufgaben übernommen. Und kaum ist dieser komische Hase ein paar Tage im Weihnachtsdorf, da bekommt er schon den Weihnachtsführerschein mit Schlittenmitflugerlaubnis. Und sogar eine zweizipfelige Weihnachtsmütze, die sie sich schon so lange gewünscht hat. Und morgen darf dieser dahergehoppelte Hase vorne auf dem Schlittenbock sitzen. Neben dem Weihnachtsmann höchstpersönlich. Davon hat Wichta schon als kleines Wichtelbaby geträumt. Wutentbrannt stürmt sie aus aus dem Stall. »Aber Wichta«, ruft der Weihnachtsmann. »Wo willst du denn so schnell hin? Ich wollte dich gerade zum Eiertanz auffordern!«

»Äh … Ich hole noch mehr Milch!«, sagt Wichta. »Für die Heißen Hasen!«

Siebzehn

Ohohoho, oh weh!

Am nächsten Morgen wird Klaas von seltsamen Geräuschen geweckt. Er stellt seine Löffel auf und horcht. »Der Weihnachtsmann schnarcht heute aber komisch «, sagt er und hopst aus dem Weihnachtsstrumpf. Mit aufgestellten Löffeln läuft er den Geräuschen entgegen. »Ohohoho! Oh weh!«, tönt es wimmernd durch das Haus. Klaas läuft den Rufen entgegen, bis zum Bett des Weihnachtsmanns.

»Weihnachtsmann, was hast du denn?«, fragt er besorgt.

»Ohohoho! Ich habe Bauchweh! Ganz fürchterliches Bauchweh. Das habe ich schon ein paar Hundert Jahre nicht mehr gehabt«, jammert der Weihnachtsmann und wälzt sich vor Schmerzen im Bett umher. »Au weia! Ich glaube, ich hatte viel zu viele Schoko-Eier! Und bestimmt zehn Heiße

Hasen. Die treten jetzt in meinen Magen.«

»Armer Weihnachtsmann«, sagt Klaas. »Ich koche dir einen Tee.«

»Oh weh!«, sagt der Weihnachtsmann verzweifelt. »In dem Zustand kann ich heute nicht fliegen. Die Wichtel … sie müssen heute für mich übernehmen! Los, Klaas, das ist ein Notfall. Hol die Wichtel – schnell! Die Zeit … sie läuft uns davon!«

So schnell er kann, flitzt Klaas nach draußen.

»Wichtelvollversammlung beim Weihnachtsmann! Das ist ein Notfall!«, ruft er.

Da hört er etwas Schreckliches. Und das kommt aus den vielen kleinen Schornsteinen der Wichtelhäuser – wimmernde Wichtel.

»Aua!«

»Oh weh!«

»Ojemine!«

»In meinem Bäuchlein, da rumpelt's und pumpelt's.«

»Mein armes Bäuchlein …«

»Meins auch.«

»Meins auch.«

»Meins auch.«

»Au weia – das waren bestimmt die Schoko-Eier.«

Klaas' Herz klopft. Er pocht an die Wichteltüren. Auf der Straße ist niemand zu sehen. Keine Wichtelseele. Doch da: eine Wichtelin im grünen Mantel.

»Wichta!«, ruft er. »Wichta!«

Wichta stapft mit einer großen Wärmflasche auf das Haus des Weihnachtsmanns zu.

»Wichta!«, sagt Klaas aufgeregt. »Der Weihnachtsmann ist krank!«

»Und alle Wichtel auch!«, sagt Wichta und sieht ganz erschrocken und verängstigt aus. Doch da verfinstert sich plötzlich ihre Miene und sie sieht Klaas aus zornfunkelnden Augen an.

»Das ist alles deine Schuld! Du und deine dummen Ideen. Heißer Hase! Schoko-Eier! Das passt nicht zu uns. Du passt nicht zu uns!«

Klaas schluckt.

»Du bist eine Gefahr! Für uns, die Wichtel. Für den Weihnachtsmann. Und für Weihnachten! Deinetwegen fällt das Fest heute nämlich ins Wasser. Auf den Weihnachtsmann warten Millionen Kinder heute umsonst und weinen sich die Augen aus. Und das haben sie einem albernen Witzhasen im Wichtelkostüm zu verdanken! Bist du jetzt zufrieden?«

»Ich … ich … das tut mir so leid … ich«, stammelt Klaas. »Ich hätte …«

»Hätte, hätte, Lichterkette«, zischt Wichta. »Jetzt ist es zu spät! Am besten, du gehst wieder dahin, wo du hergekommen bist, du, du falscher Hase! Du hältst dich ab jetzt fern vom Weihnachtsmann. Um den kümmere ich mich!« Mit hochrotem Kopf hält Wichta die rote Wärmflasche wie ein Stopp-Schild vor Klaas' Gesicht. Und dann knallt sie Klaas die Tür vom Weihnachtsmannhaus vor der Nase zu.

Achtzehn

Von verschiedenen Seiten

Am Boden zerstört trottet Klaas in den Rentierstall. Er legt sich ins Stroh und rollt sich zusammen wie ein Trauerkloß mit Ohren. Selbst die Rentiere wittern, dass die Welt nicht in Ordnung ist. Die Worte von Wichta und auch die von Hasilo schlagen Haken in Klaas' Kopf. »Sie haben recht«, wimmert er. »Ich bin ein falscher Hase. Ich bin kein echter Osterhase und ein Weihnachtshase bin ich auch nicht. Ich bin eine Gefahr … Für andere, für mich, für Ostern und für Weihnachten.«

Klaas liegt schon eine Weile so da. Die Zeit, sie fliegt davon. Da stupst ihn das Rentier mit der Sternschnuppen-Blesse freundlich an.

»Ich weiß, Schnuppe! Ihr solltet längst vor den Schlitten gespannt werden und losfliegen. Aber wie soll denn ein einziger Hase alle Geschenke bringen?« Da muss er plötzlich an Opa Osterhazys Worte denken.

»Wenn du immer darauf hört, was die anderen sagen, dann hörst du gar nicht mehr, was dein eigenes Herz und dein eigener Bauch dir zuflüstern. Verstehst du, was ich meine?«, hatte Opa Osterhazy gesagt. Und damit Klaas auch das leiseste Flüstern hört, hält er sich die Ohren zu. Er schließt seine Äuglein und horcht ganz tief in sich hinein. Da durchströmt ihn plötzlich ein warmes, gemütliches Gefühl. Beinahe ist ihm, als säße er neben Opa Osterhazy in der guten Stube im Hasenohrensessel. Und dann macht Klaas wieder etwas, das er besonders gut kann: Er betrachtet die Dinge von verschiedenen Seiten. Da hoppelt ihm plötzlich eine Idee in den Kopf.

»Hurra!«, ruft Klaas den Rentieren zu. »Ich hab's! Wenn der Weihnachtsmann und die Wichtel die Geschenke heute nicht bringen können, dann können es dieses Jahr doch die Osterhasen tun!«

Schnell flitzt Klaas auf den Heuschober und holt den Osterkorb.

»Los, ihr lieben Rentiere! Macht euch bereit für den Abflug!

Klaas führt die Rentiere in die alte Scheune, legt ihnen das Geschirr an und dann geht es los. Durch das Weihnachtsdorf, das ganz verlassen wirkt, weil 332 Wichtel mit Bauchschmerzen in ihren Betten liegen. Klaas lenkt die Rentiere über die Lichtung, bis zu der Stelle, an der das Schnee-Ei liegt und an der Klaas in die Weihnachtswelt gekommen ist.

»Tunnel frei, Osterei!«, sagt Klaas und das Schnee-Ei rollt zur Seite. Er scharrt das Loch größer, damit die Rentiere hindurchpassen, und wirft noch schnell ein paar kleine Schnee-Eier in den Osterkorb.

»Lieber Tunnel,
bitte mach uns schnell die Bahn frei,
zur magischen Insel, rund wie ein Osterei.«

Und dann klopft Klaas dreimal mit der linken Pfote auf die kalte Erde. Da bebt der Boden unter seinen Pfoten und öffnet sich.

»Keine Angst, ihr Braven, lasst euch einfach fallen und fliegt!«, ruft er den Rentieren zu. Vertrauensselig springen die Rentiere in den dunklen Tunnel. Als sie den fallenden Klaas im Flug überholen, hält der sich am Weihnachtsschlitten fest, krabbelt hinein, flattert mit seinen Segelohren und legt den Turbo ein. Die schwebenden Glüheier und Klaas' Lampe erhellen ihnen den Weg. Im Vorbeiflug naschen Klaas und die Rentiere von den süßen Möhren.

»Das hilft gegen den Druck auf den Ohren«, erklärt Klaas und sie fliegen rasend schnell Richtung Oster-eiland. »Gleich sind wir da!«

Schon landen sie in der großen, eiformigen Erdhöhle, die von dem steinernen Ei ver-schlossen ist.

Neunzehn

Wer glaubt an den Weihnachtsmann?

»Bahn frei, Osterei!«, flüstert Klaas und das steinerne Ei rollt zu Seite. Klaas klettert hinaus und spricht zu den Rentieren: »Wartet hier auf mich! Und nicht erschrecken, wenn es gleich laut wird. Ich muss die Hasen zusammenläuten.«

Während die Rentiere brav in der Höhle warten, klettert Klaas auf die höchste Osterglocke. Dann hängt er sich an einen Blütenstängel und schwingt hin und her und her und hin, bis er die Glocke – dingdong – zum Klingen bringt. Die Hasen läuten die Inselglocke nur in äußersten Notfällen. Und so dauert es nicht lange und von allen Seiten hoppeln die Hasen herbei, die sofort alles stehen und liegen gelassen haben.

»Ja, wer hat denn die Osterglocke geläutet?«, fragt Bürgermeister Brokkoli.

»Das war ich!«, ruft Klaas von einem riesigen Blatt herunter.

»Nanu! Wer bist denn du?«, fragt der Bürgermeister, der Klaas in seinem roten Mäntelchen und mit seiner zweizipfeligen Mütze gar nicht erkennt.

»Das ist ja Klaas!«, ruft Karotta. Sie sitzt auf den Schultern ihren Vaters Egbert Kohlwitz und kann von dort besonders gut sehen.

»Klaasi-Hasi! Du bist wieder da!«, ruft Klaas' Mutter und wischt sich eine Freudenträne aus dem Gesicht.

»Ich … ich brauche eure Hilfe!«, sagt Klaas. »Weihnachten ist in Gefahr!«

»So was Albernes! Jetzt geht das wieder los?«, prustet Egbert Kohlwitz. »Wen interessiert schon Weihnachten? Der hat auch nicht mehr alle Tassen zwischen den Löffeln, genau wie sein Opa!«

»Und dieses alberne Kostüm! Hat er das aus der Hühneroper?«, gluckst Hopsbert Schlaueier.

»Wo hast du nur gesteckt?«, fragt Klaas' Vater.

»In der Weihnachtswelt«, sagt Klaas und viele Hasen prusten vor Lachen. »Und ich kann es euch auch beweisen. Ich habe Schnee! Echten Schnee!«

»Schnee? Na, den möchte ich sehen!«, sagt Hopsbert Schlaueier. »Wenn das mal kein Eischnee ist!«

Suchend greift Klaas in den Osterkorb. Vorm Abflug hat er bestimmt sieben Schnee-Eier eingepackt, aber er kann nur noch ein einziges Schnee-Ei finden. Doch kaum hält er es in der Pfote, da schmilzt es bei dem warmem Frühlingswetter schon in seiner Hand. Und als er eine Pfote öffnet, tropft nur Wasser zwischen seinen Pfotenfingern auf die Hasen herab.

»Soll das ein Witz sein?«, fragt Bürgermeister Brokkoli, der ein paar Tropfen auf den Kopf bekommen hat. »Willst du uns jetzt noch Wasser für Schnee verkaufen?«

Doch so schnell gibt Klaas nicht auf und fasst neuen Mut. »Manche Dinge können wir nicht wissen, aber wir können an sie glauben! Denkt doch an die Menschen. Sie wissen nicht, dass es uns Osterhasen gibt, aber viele glauben daran. Und an den Weihnachtsmann glauben sie auch. Und wer mir glaubt, der hebt jetzt bitte die Pfote!«

»Ich glaube meinem Bruder«, ruft Hasilo und hebt die Pfote. Seit Klaas verschwunden ist, hat er sich die schlimmsten Vorwürfe gemacht. Tag und Nacht hat er überall auf der Insel nach seinem vermissten Bruder gesucht. »Lasst ihn ausreden!«

Ein Raunen geht durch die versammelte Osterhasenschaft.

»Na, das wird aber auch Zeit!«, kreischt plötzlich jemand aus dem Osterkorb.

»Wichta!«, ruft Klaas, als Wichta, die als blinde Passagierin mit in die Osterwelt geflogen ist, aus dem Osterkorb krabbelt

»Eine Gartenzwergin! Eine echte Gartenzwergin!«, quiekt Karotta. »Die sieht ja witzig aus!«

»Du bist ja mitgeflogen!«, sagt Klaas.

»Natürlich«, antwortet Wichta. »Schließlich geht es hier um eine Sache von weihnachtswichtelwichtiger Wichtigkeit!«

»Diese giftgrüne Gartenzwergin kann sogar sprechen«, ruft Karotta.

»Was für eine Unverschämtheit!«, empört sich Wichta. »Ich bin Wichta. Wichta Wichtelig, eine Weihnachtswichtelin und keine Witzfigur. Und weil ihr nasesweisen Hasen ja noch keinen Schnee gesehen habt, bitte schön, hier ist er!« Wichta fischt zwei Schneebälle, die sie für alle Fälle immer in den Thermotaschen hat, aus ihrem grünen Mantel und wirft sie dem Bürgermeister Brokkoli und Karottas Vater, Egbert Kohlwitz, an die Löffel.

Und dann verstehen viele Hasen die Welt nicht mehr.

»Rehe! Fliegende Rehe!«, rufen sie, als sie die Rentiere sehen. Die sind nämlich aus ihrem Versteck geflogen und naschen jetzt von den großen, meterhohen Stängelblättern der Osterglocke.

»Das sind keine Rehe. Das sind Rentiere«, sagt Klaas.

Da schnalzt Wichta mit der Zunge und ruft den Rentieren zu: »Besser nicht von den Blumen naschen, ihr Braven, nachher kriegt ihr noch Bauchgrummeln. Und noch mehr Bauchschmerzen können wir jetzt weiß der Himmel nicht gebrauchen!«

Die alten Hasen schauen sich verwirrt an.

Und dann erzählt Klaas den Osterhasen von den Wichteln und dem Weihnachtsmann, die allesamt mit Bauchschmerzen im Weihnachtsdorf im Bett liegen.

»Überall auf der Welt warten gerade Kinder auf den Weihnachtsmann«, sagt er zum Abschluss. »Sie freuen sich schon seit Wochen auf Weihnachten und die Geschenke. Stellt euch nur mal ihre enttäuschten Gesichter vor, wenn in wenigen Stunden keine Geschenke unter dem Weihnachtsbaum liegen und ihre Wünsche nicht in Erfüllung gehen. Die Kinder können nicht wissen, dass der Weihnachtsmann ausnahmsweise und zum ersten Mal in seinem Leben an Weihnachten mit Bauchschmerzen im Bett liegt.«

»Der arme liebe Weihnachtsmann«, sagt Wichta mitfühlend.

»Und jetzt betrachten wir die ganze Sache mal von der anderen Seite«, fährt Klaas fort. »Stellt euch mal vor, das Gleiche würde auch mit Ostern passieren. Die Kinder würden vergeblich auf ihre Ostereier und Überraschungen warten.«

»Eijeijeijeiejei«, hört man die Hasen munkeln. Sie lassen die Ohren hängen und werden ganz blass um die Nase. Erschrocken stellen sie sich das Unfassbare vor: Ostern ohne Osterhasen. Ein paar Hasen müssen sogar schniefen und sich Tränen aus den Augenwinkeln wischen.

»Schrecklich!«, jammert Herr Hasendürer.

»Ostern ohne Osterhasen und Osterhäsinnen. Das darf niemals passieren!«, sagt Klaas' Lehrerin Frau Hasenclever.

»Und Weihnachten ohne Geschenke vom Weihnachtsmann und den Wichteln auch nicht«, ruft Klaas. »Opa hat mir mal gesagt, einen echten Osterhasen erkennt man nicht an seinem Verstecktalent, nicht an seinen Malkünsten und auch nicht an seiner Blitzgeschwindigkeit. Einen echten Osterhasen erkennt man daran, dass es ihn glücklich macht, anderen Freude zu machen.«

»Wichtige Worte! Schön gesagt«, bemerkt Wichta gerührt.

»Und die Wichtel«, erklärt Klaas. »Sie sind … eigentlich wie wir. Sie feiern gerne. Sie malen und werkeln. Sie machen Geschenke! Und sie freuen sich, wenn sie anderen Freude machen.«

»Na, dann los! Worauf warten wir?«, ruft Hasilo.

»Ja!«, rufen die Hasen. »Lasst uns den Menschen heute große Freude machen!«

Da kommt auch endlich Opa Osterhazy atemlos mit seinem Rollstuhl angerollt.

»Klääschen, mein Häschen! Da bist du ja!«, ruft er und ist außer sich vor Freude, als Klaas ihm in die Arme springt.

»Ja, Opa, ich bin wieder da! Aber, äh, ich muss gleich wieder los. Zum Weihnachtsmann. Kommst du mit?«

»Aber natürlich!«, sagt Opa Osterhazy, als wäre das die selbstver-ständlichste Sache der Welt.

»Opa, entschuldige bitte, dass ich, ohne zu fragen, deinen Osterkorb mitgenommen habe.«

»Halb so wild, mein Kleiner. Dich habe ich tausendmal mehr ver-misst. Aber so langsam sind mir schon die frischen Socken ausgegan-gen«, sagt Opa Osterhazy und lacht. »So, jetzt aber – hopp, hopp – ab durch den Tunnel zum Weihnachtsmann!«

Zwanzig

Mit vereinten Pfoten

Die Osterhasen sind alle durch den Ostertunnel gereist und staunen über die weiße Weihnachtswelt. Aber jetzt haben sie leider keine Zeit, im Schnee zu tollen. Schnell versammeln sich alle im Rentierstall. Dort zeigt Klaas' Mutter ihnen die Erfindung, an der sie schon lange getüftelt hat und die ihnen bei ihrer außergewöhnlichen Aufgabe heute helfen soll.

»Aber diese komische Erfindung sieht doch aus wie ein stinknormales weißes Ei«, flüstert Bürgermeister Brokkoli seiner Gattin zu.

»Das ist kein normales Ei«, verkündet Esther Osterhazy. »Das ist ein Eifon! Es kann ganz viele Sachen. Osterlieder und Weihnachtslieder abspielen. Fotos machen und, und, und … Aber für uns heute am wichtigsten ist, wir können damit telefonieren. Dazu müsst ihr das Ei nur an eure Löffel halten und reinsprechen!«

»Was es nicht alles gibt«, sagt Frau Hasenclever. Auch Herr Schlaueier nickt anerkennend.

»Ich werde heute hier im Rechenzentrum bleiben. Von dort aus kann ich unseren Einsatz koordinieren. Und wenn ihr in der Menschenwelt seid, kann ich euch anrufen und euch sagen, wo ihr als Nächstes hin-

hoppeln und Geschenke verstecken sollt. Damit auch kein Menschenkind vergessen wird.«

»Cool«, raunt Wichta.

»Ja, ich habe eine echt coole Mama!«, sagt Klaas stolz.

Und dann erfahren die Osterhasen schon, wo sie als Erstes hinreisen sollen. Wichta führt die Hasen zur Verpackungshalle. Dort beladen sie ihre goldschimmernden Osterkörbe mit Weihnachtsgeschenken. Dann heißt es »Tunnel frei – Osterei« und die Hasen reisen durch den Ostertunnel hinaus in die ganze Welt.

Wichta und Klaas nehmen den Weihnachtsschlitten, der schon mit einem Jutesack voller Geschenke beladen ist.

»Komm mit, Opa!«, ruft Klaas vom Bock des Schlittens. »Du wolltest doch schon immer mal mit dem Weihnachtsschlitten fliegen!«

»Rettet ihr das Weihnachtsfest, Klääschen, mein Häschen«, sagt Opa Osterhazy. »Ich bleibe hier und werde den armen Wichteln und dem Weihnachtsmann erst mal ein feines Süppchen kochen.«

Mit diesen Worten schüttet Opa Osterhazy etwas aus seinem Osterkorb: einen Riesenberg Fenchel und vierblättrigen Glücksklee.

»Natürlich, das ist es!«, jubelt Klaas. »Opas Fenchelsuppe mit Glücksklee! Auf der Welt gibt's nichts Besseres gegen Bauchweh!«

»So ist es, mein Kleiner!«, bestätigt Opa Osterhazy.

»Und einen besseren Opa gibt es auf der Welt auch nicht!«, sagt Klaas.

»Mit meinem Opa bin ich aber auch sehr zufrieden«, sagt Wichta. »Jetzt wird's aber Zeit, Klaas!« Schon schnalzt Klaas mit der Zunge und die Rentiere erheben sich in die Lüfte.

»Hops, hops, hops! Hier kommt der Weihnachtshase!«, jubelt Klaas und schaltet einen ganz besonderen Turbo ein: den Hasen-Turbo. Wenn er mit seinen Ohren flattert, legen die Rentiere noch mal einen Zahn zu.

Wichta ist beeindruckt, wie toll Klaas den Schlitten fliegen kann.

»Komm, wir lenken zusammen«, sagt Klaas und reicht Wichta einen Zügel. Gemeinsam klappt es fast noch besser! Wichta erkennt all die Länder, die sie so fleißig für den Weihnachtsführerschein auswendig gelernt hat.

Als sie sich der Erde nähern und dichter über die Häuser fliegen, sehen Wichta und Klaas mit ihren scharfsichtigen Augen allüberall fleißige Osterhasen aus den Erdlöchern hüpfen.

Manche hopsen durch die Schornsteine der Kamine. Andere verstecken die Geschenke in den verschneiten Gärten ganz nach Hasenart – in Strohnestern hinter Tannen, Büschen, Blumen-kübeln, Mülltonnen, Gartenschuppen, Weihnachtsdeko oder hinter Gartenzwergen.

»Morgen, Kinder, wird's was geben! Das verspreche ich euch«, sagt Klaas.

»Lustig, lustig, tralalalala«, frohlockt Wichta, die die osterhasigen Verstecke zum Schreien komisch findet und sich schon die erstaunten Gesichter der Menschen vorstellt.

Klaas setzt gerade zu einem Landeanflug auf ein altes Haus mit Spitzdach an. Da sieht er in dem Garten hinter einem beleuchteten Tannenbaum Opa Osterhazy mit seinem Rollstuhl raketenschnell aus einem Erdtunnel schießen.

»Ei der Daus«, staunt Klaas. Gemeinsam mit den Schlittenschnitzer-Wichteln hat Klaas' Mama nämlich einen Turbo-Antrieb an Opa Osterhazys Rollstuhl gebaut. Und Klaas' Opa ist nicht allein.

»Hasianna in der Höhe! Hohoho!«, lacht der Weihnachtsmann und winkt vergnügt aus Opa Osterhazys Osterkorb. Seinen eigenen Schlitten hat er noch nie ohne sich fliegen sehen. Klaas glaubt es kaum, als er die beiden alten Brieffreunde unten im verschneiten Garten stehen sieht. Nach einer sensationellen Dachlandung flitzt Klaas zu ihnen.

»Weihnachtsmann!«, fragt er freudig und besorgt zugleich. »Geht es dir besser?«

»Viel besser! Ich bin topfit!«, antwortet der Weihnachtsmann. »Ich könnte Weihnachtsbäume ausreißen. Aber das würde ich natürlich nie tun. Die Fenchelsuppe mit Glücksklee hat gewirkt wie ein Zaubertrank! Ich fühle mich mindestens hundert Jahre jünger.«

»Da bin ich aber froh«, sagt Klaas und fühlt sich, als ob ihm ein riesiges steinernes Osterei vom Herzen fällt. »Es tut mir alles so leid! Es ist alles meine Schuld. Wenn ich nicht da gewesen wäre, dann … Dann hättest du keine Schoko-Eier gegessen und keine Heißen Hasen getrunken. Dann wäre das alles nicht passiert.«

»Wenn du nicht da gewesen wärst, mein lieber einmaliger Freund«, beteuert der Weihnachtsmann, »dann hätte ich ganz viel Spaß und noch mehr Freude verpasst.«

»Aber«, sagt Klaas, der sich immer noch schuldig fühlt. »Die vielen armen Wichtel … Es ist alles meinetwegen passiert.«

»Nein!«, schluchzt Wichta. »Meinetwegen!« Verzweifelt wirft sie sich zwischen zwei giftgrüne Gartenzwerge in den Schnee und trommelt mit ihren Fäusten auf den Boden. »Ich … Ich habe gestern heimlich giftigen Schneeglöckchensaft in die Milch gemischt«, gesteht sie. »Der sollte die Heißen Hasen bitter machen. Aber anscheinend haben die Heißen Hasen immer noch köstlich schmeckt. Und, ich geb's ja zu, ein kleines bisschen Bauchgrummeln sollte der Saft auch machen. Aber nicht solche Schmerzen! Das wollte ich nicht! Ehrlich!«

»Ich weiß«, sagt der Weihnachtsmann milde.

»Du weißt es schon?«, schluchzt Wichta.

»Schon vergessen, meine Kleine? Ich weiß so manches. Ich bin doch der Weihnachtsmann.«

Wichta schluchzt noch lauter. »Ich habe dich angelogen! Ihr könnt mich ruhig hier im Garten bei den Gartenzwergen lassen. Ich will nicht mehr zurück ins Weihnachtsdorf. Dort werden sie mich hassen und ich habe jetzt sowieso 77 Jahre Pech.«

»Wieso das denn?«, fragt Klaas.

»Alte Wichtelweisheit«, schluchzt Wichta.

»Hast du Wichtelin den Weihnachtsmann belogen, hast du dich um 77 Jahre Glück betrogen.«

»Papperlapapp, Wichta«, sagt der Weihnachtsmann. »Man soll ja ruhig an vieles glauben. So wie die Menschen an den Weihnachtsmann und an die Osterhasen. Aber doch bitte nicht an alles!«

Der Weihnachtsmann sieht Wichta mit seinen gütigen Augen an. »Aber jetzt erzähl mal, meine Kleine. Warum hast du das denn nur gemacht?«

»Na ja … also … «, stammelt die sichtlich beschämte Wichta. »Du hast in letzter Zeit, ich meine, seit Klaas gekommen ist, so viel Zeit mit ihm verbracht. Und ihr hattet so viel Spaß. Und dann hat Klaas auch noch den Weihnachtsführerschein mit Schlittenmitflugerlaubnis und sein tolles Mützchen und sein Mäntelchen bekommen. Und ich dachte doch, das wären meine Geschenke gewesen. Eine zweizipfelige Weihnachtsmütze für meine Zöpfe habe ich mir nämlich schon immer gewünscht. Ich habe mich einfach so traurig und so … so furchtbar unwichtig gefühlt.«

»Na, komm mal her«, sagt der Weihnachtsmann und nimmt Wichta fest in die Arme. »Eins darfst du nie vergessen, meine kleine Wichta, du bist mir sehr wichtig!«

»Weihnachtswichtelwichtig?«, fragt Wichta.

Der Weihnachtsmann schüttelt den Kopf.

»Nein«, sagt er und Wichta sieht ihn erschrocken an.

»Weihnachtsmannwichtig!«

Da bricht mit einem Mal alles aus der kleinen Wichta heraus. Vor Freude weint sie wie ein Wasserfall und trocknet ihre Tränen am weichen Bart des Weihnachtsmanns. Auf einmal hört sie hinter sich ein leises Glucksen.

»Sieh mal da!«, sagt Opa Osterhazy, der sich zusammen mit dem

Weihnachtsmann einen Jux erlaubt hat. »Was hat denn die Gartenzwergin für ein schickes rotes Mäntelchen an!«

»Und ein schickes rotes Mützchen!«, sagt Klaas.

»Mit zwei Zipfeln!«, kreischt Wichta außer sich vor Freude.

»Ich glaube, die Sachen gehören dir!«, sagt Klaas.

»Ich hatte keine Zeit mehr, die Sachen einzupacken. Aber wir haben sie extra für dich im Osterkorb mitgenommen«, berichtet der Weihnachtsmann. »Herzlichen Glückwunsch zum Weihnachtsführerschein mit Schlittenmitflugerlaubnis!«

Da fängt die kleine Wichta vor Freude so an zu kreischen, dass die anderen schon Sorge haben, sie könnte die Menschen aufwecken. Schnell zieht sie ihre schönen neuen Sachen an. Da ertönt plötzlich »Kling, Glöckchen, klingelingeling«. Das Geklingel kommt aus Klaas' Manteltasche.

»Mein Eifon klingelt!«, sagt Klaas. Aufgeregt hält er sich das schneeweiße Ei ans Ohr. »Hallo, Mama«, spricht er. »Wirklich?« Glücklich strahlend erzählt er den anderen: »Mama sagt, der Job ist erledigt. Die Osterhasen haben alle Geschenke zugestellt und sind auf dem Weg zurück ins Weihnachtsdorf.«

»Halleluja«, freut sich der Weihnachtsmann. »Weihnachten ist gerettet!«

»Wir müssen nur noch die allerletzten Geschenke in dieses Haus bringen«, sagt Klaas. Also klettern ein Weihnachtshase, eine Weihnachtswichtelin und der Weihnachtsmann hoch auf das spitze Dach des alten Backsteinhauses.

Opa Osterhazy ist natürlich auch dabei. Der sitzt gemütlich in seinem Osterkorb, den der Weihnachtsmann auf dem Rücken trägt, weil Opa Osterhazy mit seiner schlimmen Pfote ja nicht mehr so gut klettern kann. Nacheinander hüpfen sie durch den Kamin und verteilen im Haus die letzten Geschenke. Als sie wieder hoch oben auf dem Dachfirst stehen, findet Opa Osterhazy etwas unter einem Dachziegel neben dem Schornstein. Viele vergilbte Briefe mit seinem Namen drauf – *Hasilaus Osterhazy.* Die hat der Weihnachtsmann Jahr für Jahr in ihr Geheimversteck gelegt. Er hat nämlich nie aufgehört daran zu glauben, dass er seinen Brieffreund eines Tages persönlich kennenlernt. »Die sind ja für mich!«, juchzt Opa Osterhazy gerührt. Und dann geht für ihn noch ein Herzenswunsch in Erfüllung: Er fliegt in dem Weihnachtsschlitten mit. Der Weihnachtsmann und Opa Osterhazy setzen sich auf die gemütliche Rückbank und genießen den Rückflug. Klaas dreht dafür noch eine Extra-Schleife über Ostereiland. So können sie die einmalige Insel, die nur magische Wesen sehen können und die wie ein frisch gepelltes Ei auf dem Ozean zu schwimmen scheint, alle aus der Luft bewundern.

Einundzwanzig

Osterhasige Weihnachten

Alle 444 Osterhasen, der Weihnachtsmann und Wichta sind wieder gut in der Weihnachtswelt gelandet. Im Weihnachtsdorf werden die letzten Festvorbereitungen getroffen und die letzten Geschenke verpackt. Der Weihnachtsmann streift mit Klaas, Wichta und Opa Osterhazy durchs Dorf und zeigt dem alten Hasen die Werkstätten. In der duftenden Holzwerkstatt wird noch fleißig gedrechselt. Emsige Wichtel und Wichtelinnen schreinern nämlich 444 Stühle für die langohrigen Gäste. Und alle, die gerade nichts anderes zu tun haben, helfen mit – auch handwerklich begabte Oserhäsinnen und -hasen.

»Wunderbar macht ihr das!«, lobt sie der Weihnachtsmann und grübelt. »Aber im Festsaal wird es vielleicht doch ein bisschen eng.« Das Murmeln bekommen seine Hasen-Gäste aber kaum mit, denn es gibt ein zweites wunderbares Kennenlernen.

»Opa, schau! Darf ich vorstellen«, sagt Klaas. »Das ist Wichtas Opa! Stell dir vor, er hat vor vielen Jahren unsere Schneekugel gemacht!«

»Wirklich?«, fragt Opa Osterhazy und freut sich wie ein frisch geschlüpfter Hase. »Es ist mir eine Ehre, Sie kennenzulernen! Sie sind ein großer Künstler! Darf ich mich vorstellen? Hasilaus Osterhazy!«

»Ich bin Wasimir Wichtelig«, sagt der Wichtel und schüttelt freudig Opa Osterhazys Pfote.

»Ihre Schneekugel hat Klaas und mir schon so viel Freude gemacht und unseren Traum von der Weihnachtswelt befeuert«, sagt Opa Osterhazy und Wasimir wird ganz rot vor Freude. Wichtel arbeiten im Verborgenen, darum sind sie Lob für ihre Arbeit nicht gewohnt. »Fertigen Sie die Schneekugeln auch hier in dieser hübschen Holzwerkstatt an?«, erkundigt sich Opa Osterhazy.

»Nein«, erklärt Wasimir. »Die stellen wir in der Schneekugelhalle her! Die ist noch viel größer als diese Werkstatt hier!«

Da werfen sich Wichta und Klaas vielsagende Blicke zu.

»Hurra!«, rufen die beiden wie aus einem Mund. »Wir können doch alle in der Schneekugelhalle feiern!«

»Natürlich!«, juchzt der Weihnachtsmann. »Ihr zwei habt aber auch wirklich immer fabelhafte Ideen!«

Gesagt, getan.

Ein paar Stunden später sitzen 333 Weihnachtswichtel, 444 Osterhasen und der Weihnachtsmann an der Festtafel in der Schneekugelhalle, die wie ein geschmückter Kronensaal aussieht. Von dort können sie beim Weihnachtsschmaus durch die Glaskuppel echte Schneeflocken beim Fallen beobachten und den Weihnachtsstern und den O-Stern leuchten sehen.

Zum Glück ist in der großen Halle auch noch genug Platz für die Rentiere. Ihre Geweihe sind festlich mit Goldstrohsternen, Weihnachtskugeln und weihnachtlich bemalten Ostereiern behangen. Vergnügt fliegen sie um den geschmückten Weihnachtsbaum herum, von dessen

Zweigen sie Äpfel, kandierte Karotten, Schoko-Eier, Zimtsterne und Rosinen naschen.

Mit vereinten Kräften haben die Wichtel, die Osterhasen und der Weihnachtsmann alles für das große Festessen vorbereitet. Es gibt alles, was das Wichtel- und das Hasenherz begehrt. Es gibt ein feines von Opa Osterhazy abgeschmecktes Wintergemüsesüppchen, Karotten im Schlafmantel, Falschen Weihnachtshasen (das ist eine herrlich mit Mandeln und Rosinen gefüllte Gemüsepastete), Ostereiersalat, Pfefferkuchen, Möhrenkuchen, Rote-Bete-Saft, Heiße Hasen, Eierpunsch und noch tausend Leckereien mehr.

»Und zum Nachtisch«, verkündet der Weihnachtsmann, der schon sein drittes Dessert verputzt hat, »gibt es wie jedes Jahr …«

»Geschenke!«, rufen die Wichtel im Chor.

In der Halle hört man Jubelrufe und das Rascheln des Geschenk papiers. Opa Osterhazy schenkt dem Weihnachtsmann ein Fläschchen feinsten Eierlikör und der Weihnachtsmann schenkt Opa Osterhazy herrliche Hasenohrenschützer. Die Weihnachtswichtel schenken dem Weihnachtsmann wie jedes Jahr handgestrickte Weihnachtsstrümpfe, mit und ohne Wichtelweisheiten. Für seine Sammlung und natürlich, weil dieser Brauch Glück bringen soll. Dieses Jahr haben sie schnell noch 444 Osterhasen und Osterhäsinnen eingestrickt. Und auch der Weihnachtsmann hat für alle Wichtelinnen und Wichtel, alle Osterhäsinnen und Osterhasen und die Rentiere eigenhändig eingepackte Geschenke unter den Weihnachtsbaum gelegt.

»Na, das ist ja eine schöne Bescherung«, sagt Bürgermeister Brokkoli, als ihm ein Rentier aus ein paar Metern Höhe auf die neue Weihnachtsmütze köttelt. Doch die Wichtel sind sich einig, dass das im neuen Jahr besonders viel Glück verheißt, und reimen im Chor.

»Regnet's Rentierköttel auf die Mütz, oh weia,

gibt's zu Ostern allerschönste Ostereier!«

»Na, da bin ich ja beruhigt«, sagt Bürgermeister Brokkoli und lässt sich die weihnachtliche Stimmung nicht verderben.

Klaas reicht dem Weihnachtsmann ein schön verpacktes Geschenk.

»Hier, für dich, Weihnachtsmann!«

»Für mich?«, sagt der Weihnachtsmann. »Aber dass ihr da seid, ist doch schon Geschenk genug!« Er bestaunt das eiförmig eingepackte Geschenk. »Ein Riesenosterei?«

Klaas schüttelt den Kopf. »Mach schon auf!«

Die Augen des Weihnachtsmannes glänzen. »Strohsandalen! Die habe ich ja noch nie bekommen!«, sagt der Weihnachtsmann und probiert sie gleich zusammen mit den Weihnachtsstrümpfen an. »Passen wie angegossen! Woher kennst du denn meine Größe?«

»Dreieinhalb Möhrenlängen. Ich habe heimlich die Länge deiner Stiefel gemessen.«

»Alle Achtung!«, sagt der Weihnachtsmann. »Und wie die Strohsandalen glänzen, wie aus purem Gold!«

»Die sind aus goldenem Osterstroh«, sagt Klaas.

»Hast du die selbst geflochten?«

Klaas nickt. »Da ist aber noch etwas. Schau mal unter die Sohle!«

»Ein Gutschein!«, sagt der Weihnachtsmann und liest. »Gutschein für den Weihnachtsmann. Ein 5-Sterne-De-luxe-Urlaub auf Ostereiland mit Gurkenmaske und allem Pipapo! Reise erster Klasse! Persönliche Abholung durch deinen Freund Klaas, auch genannt Santa Haas, inklusive. Frohe Weihnachten!«

»Und wenn ich dich abhole, kannst du dir aussuchen, ob du erster Klasse mit Sack und Pack, also mit den Rentieren und den Wichteln, im Osterkorb durch den Tunnel reisen oder lieber ganz bequem in deinem Campingschlitten reisen willst. Den wollte ich schon immer mal fliegen.«

»Mit Flugkapitän Santa Haas?«

»Ei, ei!«, sagt Klaas und zwinkert dem Weihnachtsmann zu. »Für dich soll es ja Erholung sein.«

Der Weihnachtsmann ist sprachlos und drückt Klaas an sich. Da zieht jemand Klaas liebevoll am Öhrchen. Es ist Hasilo.

Zweiundzwanzig

Klaasi, Schoko-Hasi

»Hier, für dich«, sagt Hasilo und überreicht Klaas ein großes, schön verpacktes Geschenk. »Beim Einpacken hat mir Wichta geholfen.«

»Danke!«, sagt Klaas ganz verwundert über diese brüderliche Freundlichkeit. Sein Verschwinden muss Hasilo wirklich ganz schön zugesetzt haben. Behutsam öffnet Klaas die hübsche Geschenkschleife und ist ganz außer sich vor Freude.

»Mein eigener Osterkorb!«, ruft er und streicht mit seiner Pfote über die eingeflochtene goldene Inschrift »Klaas Osterhazy, auch genannt: Santa Haas«.

»Den kannst du ja für Weihnachten und für Ostern benutzen«, sagt Hasilo.

Auch die Wichtel staunen. »So ein schöner Korb! Wie der glänzt! Beinah wie pures Gold!«

Da verfinstert sich plötzlich Klaas' Mine.

»Gefällt er dir nicht?«, fragt Hasilo.

»Doch! Und wie!«, antwortet Klaas. »Aber ich kann ihn nicht annehmen. Ich habe doch noch gar nicht die Osterhasenführerscheinprüfung gemacht!«

»Die hast du längst mit Bravour in allen Disziplinen bestanden. Nach allem, was du geleistet hast und was wir so vom Weihnachtsmann und den Wichteln hören!«, sagt Frau Hasenclever, die nicht nur Klaas' Lehrerin, sondern auch die Vorsitzende der *Osterhasenführerscheinprüfungskommission* ist.

»Herzlichen Glückwunsch!« Frau Hasenclever überreicht Klaas den Osterhasenführerschein, eigenpfötig unterzeichnet von Bürgermeister Brokkoli.

»Oha! Heißt das etwa, Klaas darf jetzt auch an Ostern mit uns in die Menschenwelt hoppeln?«, fragt Egbert Kohlwitz. »Aber was ist mit seinem weißen Fell? Im Winter ist das ja sehr vorteilhaft, aber im Frühling leuchtet es in den Menschengärten stärker als ein Weihnachtsbaum!«

»Genau!«, sagt Hopsbert Schlaueier. »Was ist mit seinem weißen Fell? Sollte er sich nicht einen Tarnanzug oder wenigstens einen schicken braunen Rentierpullover anziehen?«

»Keine Sorge!«, erwidert Hasilo, der mit eigenen Augen gesehen hat, wie sein kleiner Bruder am Weihnachtsabend in der Menschenwelt schnell wie ein weißer Blitz über die Dächer und durch die Schornsteine gesaust ist. »Lasst Klaas nur machen. Er ist schon meisterhaft getarnt. Glaubt mir, der ist so schnell, den sieht keiner. Klaas weiß einfach, wie der Osterhase läuft!«

»Und wie der Weihnachtshase läuft, das weiß Klaas auch. Hohoho!«, ergänzt der Weihnachtsmann und zusammen mit seinem alten Brieffreund Opa Osterhazy platzt er beinahe vor Stolz.

»Darf ich Ostern bei euch mithelfen, bitte?«, fragt Wichta und sieht Hasilo mit großen Augen an. »Ich bin schnell wie der Wind. Keine Sorge, kein Mensch sieht mich! Und wenn doch, dann friere ich ein und werde zur Gartenzwergin.«

Schon stellt sich Wichta zum Beweis ganz starr auf den Tisch und alle johlen vor Lachen.

»Also, wir können bestimmt noch zwei flinke Hände und Füße gebrauchen«, sagt Hasilo, und Klaas und Wichta strahlen über das ganze Gesicht.

»Na los, Klaas!«, sagt Wichta. »Mach den Korb schon auf!«

»Sind da etwa noch mehr Geschenke drin?«, fragt Klaas.

»Natürlich! Was denkst du denn?«, antwortet Hasilo. »Der Osterkorb zählt doch nicht als Geschenk! Den hast du dir ja verdient! Die Geschenke sind da drin!«

Neugierig öffnet Klaas den Korb. Darin sitzt ein schneeweißer Hase - aus schneeweißer Schokolade.

»Wahnsinn, der sieht ja aus wie ich! Super! Oh! Dem knabbere ich aber nicht das Ohr ab. Den stelle ich mir zu Hause in meine Geheimhöhle ins Regal!«, sagt Klaas und zieht seinen großen Bruder liebevoll am langen Ohr. »Danke Hasilo! Ein echt super Geschenk!«

»Wir nennen ihn Klaasi-Schoko-Hasi! Der weiße Schoko-Hase hat uns so überzeugt, den nehmen wir kommende Ostern mit in unser Osterprogramm auf«, sagt Bürgermeister Brokkoli und tut beinahe so, als wäre das sein Verdienst.

»Der ist zum Anbeißen!«, sagt Klaas' Mutter und drückt ihr Nesthäk-chen. »Fast so süß wie du!«

»Da hat deine Mama recht«, sagt Wichta und stupst Klaas an. »Los, da ist noch ein Geschenk drin!«

»Noch eins?«, fragt Klaas und fischt ein herrlich verpacktes Geschenk aus dem Korb. »Für Klaas von Wichta« steht auf dem Geschenkanhän-ger. Vorsichtig öffnet Klaas die Geschenkschatulle.

»Ich glaub, mich tritt ein Rentier! Ein Schnee-Ei!«

»Das ist das erste Schnee-Ei, das in unserer Schneekugel-halle hergestellt wurde!«, sagt Wasimir Wichtel stolz. »Wichta hat ein äußerst geschicktes Händchen. Es ist gerade noch rechtzeitig fertig geworden. Sie hat noch bis zur letzten Minute mit Feuereifer daran gearbeitet.«

Mit leuchtenden Augen sieht Klaas durch das Glas auf das Innere des Schnee-Eis. Darin sind Rentiere zu sehen und ein roter Weihnachtsschlitten mit goldenen Kufen.

»Da sitze ja ich!«, ruft Klaas, der das schneeweiße Häschen mit der zweizipfeligen Weihnachtsmütze entdeckt, das neben dem Weihnachtsmann auf dem Schlittenbock sitzt und die Zügel hält.

»Und ich!«, sagt der Weihnachtsmann.

»Und ich!«, juchzt Opa Osterhazy, der im Schlitten mit wehenden Ohren vor dem Geschenkesack und dem Osterkorb auf der Rückbank sitzt.

»Und ich!«, sagt Wichta. Lachend zeigt sie auf ein kleines Wichtelmädchen, das aus dem Osterkorb lugt.

Opa Osterhazy, Klaas, der Weihnachtsmann und Wichta legen ihre Hände auf das Schnee-Ei.

»Schüttel, schüttel, schüttel den Schnee!«, sprechen sie. Zusammen schütteln sie das Schnee-Ei und stellen es auf den Festtagstisch.

»Wow!«, sagt Klaas und staunt, als der Schnee-Ei-Schnee durch das Glas stobt.

»Danke und tausendmal danke, Wichta!«, sagt Klaas und zieht ein Geschenk unter seinem Stuhl hervor. »Und das ist für dich!«

Wichta öffnet die Geschenkschleife von einer sehr schicken Eierschachtel.

»Ein Ei!«, ruft sie. »Das hast du aber schön bemalt!«

»Das ist aber nicht irgendein Ei«, sagt Klaas.

Da nimmt Wichta das Ei aus dem Eierkarton und quiekt vor Freude.

»Helllger Blmbam! Ein Eifon! Ein echtes Eifon!!!«

»Mama hat's erfunden und ich habe es bemalt«, sagt Klaas. »Damit können wir telefonieren, wenn ich in Ostereiland bin!«

»Rentierköttel«, sprechen Wichta, Klaas, Opa Osterhazy und der Weihnachtsmann gleichzeitig, als Wichta mit ihrem Eifon ein Foto schießt. Klaas macht sich einen Jux und hält seine Pfotenfinger als Hasenohren hinter den Kopf des Weihnachtsmanns.

»Und jetzt! Bitte! Musik«, sagt Opa Osterhazy. Da dreht Klaas die Spieluhr unter dem Schnee-Ei auf. Und als die

Melodie erklingt, singen alle zusammen für Klaas ein Weihnachtslied, das der Weihnachtsmann und Opa Osterhazy für diesen Abend extra umgedichtet haben. Alle erheben sich und singen mit. Und sogar das Wichtelorchester und das Hasenorchester stimmen mit ein.

»Kling, Glöckchen, klingelingeling,
kling, Glöckchen, kling!
Mädchen, hört, und Bübchen,
stellt sie hin, die Rübchen!
Geschenke auf dem Rasen
bringen Weihnachtshasen.

Kling, Glöckchen, klingelingeling,
kling, Glöckchen, kling!

Kling, Glöckchen, klingelingeling,
kling, Glöckchen, kling!
Hell erglühn die Kerzen,
die Osterhasen scherzen
mit den Wichteln fröhlich,
Santa Haas ist selig!«

Klaas, der Santa Haas, ist wirklich selig vor Freude. Alle anderen rundherum freuen sich auch. Und weil sich alle freuen, dass sich alle freuen, freuen sie sich sogar doppelt. Dass sie dieses osterhasige Weihnachtsfest alle zusammen feiern dürfen und viele Kinder heute glücklich sind, ist für die Osterhasen, den Weihnachtsmann und die Weihnachtswichtel das allergrößte Geschenk.

Ja, jedes Weihnachtsfest hat seinen eigenen Zauber. Und der Zauber dieses Festes bleibt für alle unvergesslich.

»Das ist das wunderbarste Weihnachtsfest, das wir Osterhäsinnen und -hasen je gefeiert haben«, sagt Bürgermeister Brokkoli. Und das ist nicht gelogen, denn für die Osterhasen ist es auch das *erste* Weihnachtsfest.

Zwischen den Weihnachtswichteln und Osterhasen werden schon große Pläne geschmiedet. Von einem Schnelltunnel ist die Rede, der Ostereiland und das Weihnachtsdorf auf kürzestem Weg verbinden soll. Auch von Partnerschulen und von einem Wichtel-Osterhasenkinder-Austauschprogramm wird schon gemunkelt.

»Und nach Ostern, da kommst ihr uns alle besuchen. Und dann machen wir Ferien. Mit Gurkenmasken, Sonne, Strand und Meer! Und allem Pipapo!«, sagt Bürgermeister Brokkoli in Bestlaune.

Nachts spannen die Wichtel eine goldene Girlande auf. Daran befestigen sie 444 von Wichteln gestrickte Weihnachtsstrümpfe aus der Sammlung des Weihnachtsmanns.

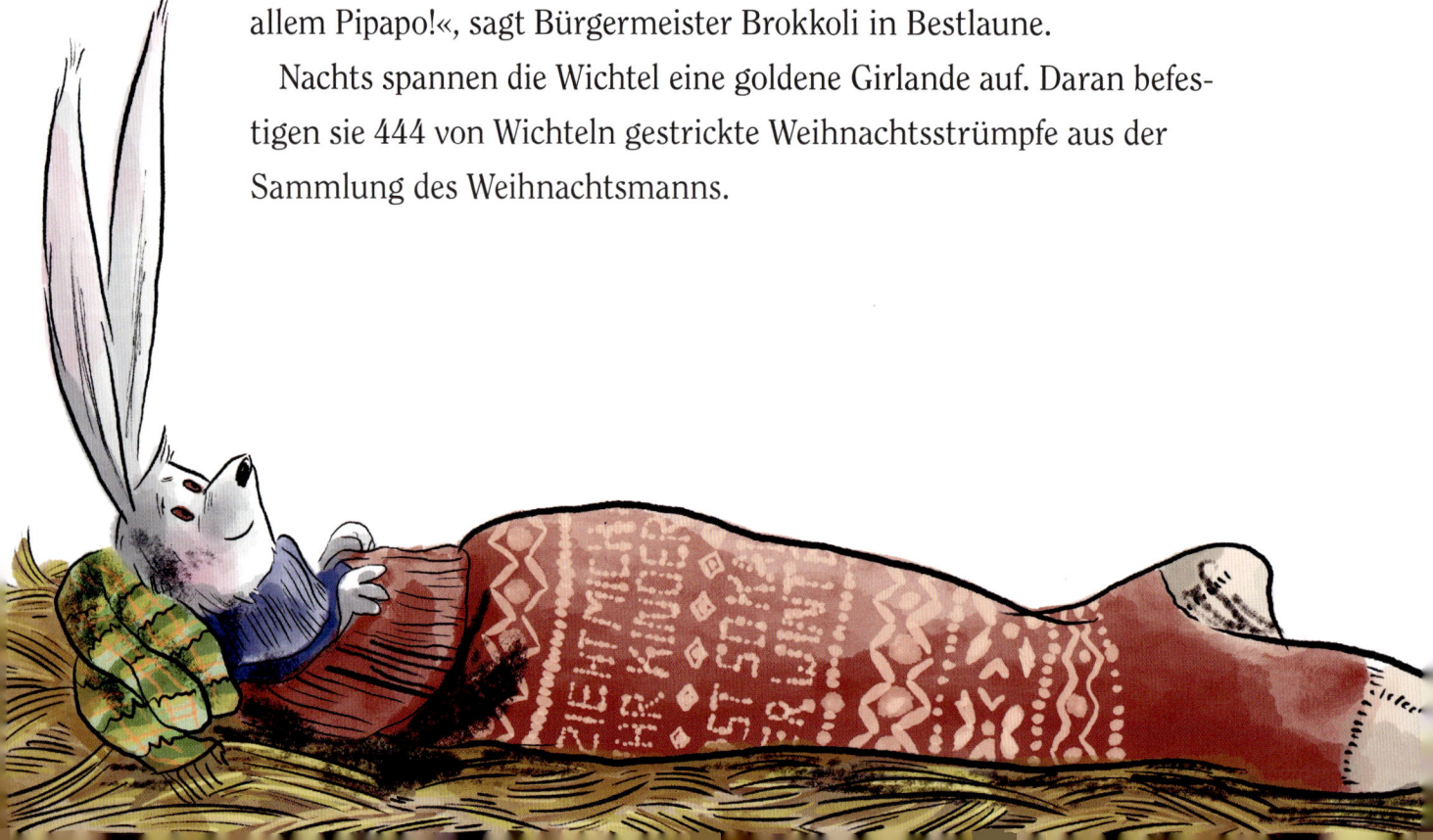

Alle müden Osterhasen hopsen in die kuscheligen Weihnachtsstrümpfe, die heute zu Schlafsocken umfunktioniert werden.

»Gute Nacht, Klääschen, mein Häschen«, sagt Opa Osterhazy.

»Gute Nacht, Opa!«, sagt Klaas und hört seinen Opa bald schnarchen.

Ein Weihnachtsmann, 9 Rentiere, 333 Weihnachtswichtel und 443 Osterhasen träumen schon.

Doch ein schneeweißes Näschen von einem Oster-Weihnachts-Häschen lugt noch staunend aus dem Weihnachtsstrumpf hervor. Durch die Glaskuppel betrachtet Klaas den rieselnden Schnee und den Sternenhimmel, an dem der Weihnachtsstern und der O-Stern leuchten. Glücklich schnuppert Klaas den Duft von Weihnachten. Doch da liegt schon etwas Neues in der Luft – ein geheimnisvoller Osterduft.

Frohes Fest, welches immer du auch feierst!

Köstliche Rentierköttel

Zutaten

* 100 g Datteln
* 60 g Mandeln
* 60 g Cashew-Nüsse
* 40 g Sesam
* 40 g Chia-Samen
* 20 g Kokosflocken
* 20 g Kakao (Kakaopulver)
* 1 EL Honig

Zubereitung:

1. Datteln entkernen und für circa 10 Minuten in heißes Wasser legen.

2. Mandeln, Cashewnüsse (wahlweise auch andere Nüsse), Sesam und Chia-Samen in der Pfanne circa 3–4 Minuten rösten, bis sie schön braun sind. Geröstete Nüsse und Samen im Mixer zerkleinern (nicht allzu pulverig).

3. Die aufgeweichten Datteln in kleine Stücke schneiden. Die Nuss-Samen-Mischung, Kokosflocken, Kakao und Honig mit den Datteln vermengen und kneten. Nach Belieben noch mit Zimt oder Kardamon abschmecken.

4. Aus der Masse mit den Händen köstliche Rentierköttel formen!

Guten Appetit!